SERGE TESTA

500 DIAS NO MAR

A volta ao mundo em um 12 pés

TRADUÇÃO
Lívio Araujo

ubook ubk Publishing House

Publicado mediante acordo com Serge Testa. Edição original do livro *500 Days: Around the World on a 12 Foot.*

COORDENAÇÃO Alessandra Brito
EDIÇÃO Juliana de Oliveira
REVISÃO Bruna Cordeiro | Iuri Pavan
PROJETO GRÁFICO E CAPA Bookallbook

Dados Internacionais de Catalogação na Publicação (CIP)
(Câmara Brasileira do Livro, SP, Brasil)

Testa, Serge
A volta ao mundo em um 12 pés / Serge Testa ; tradução Lívio Araujo. -- 1. ed. -- Rio de Janeiro : Ubook Editora, 2021.

Título original: 500 days: around the world on a 12 foot yacht
ISBN 978-65-5875-088-8

1. Iates 2. Relatos de viagens 3. Viagem - Narrativas pessoais I. Araujo, Lívio. II. Título.

21-53917 CDD-920.71

Ubook Editora S.A
Av. das Américas, 500, Bloco 12, Salas 303/304,
Barra da Tijuca, Rio de Janeiro/RJ.
Cep.: 22.640-100
Tel.: (21) 3570-8150

À minha família, por sua assistência e compreensão.

Sumário

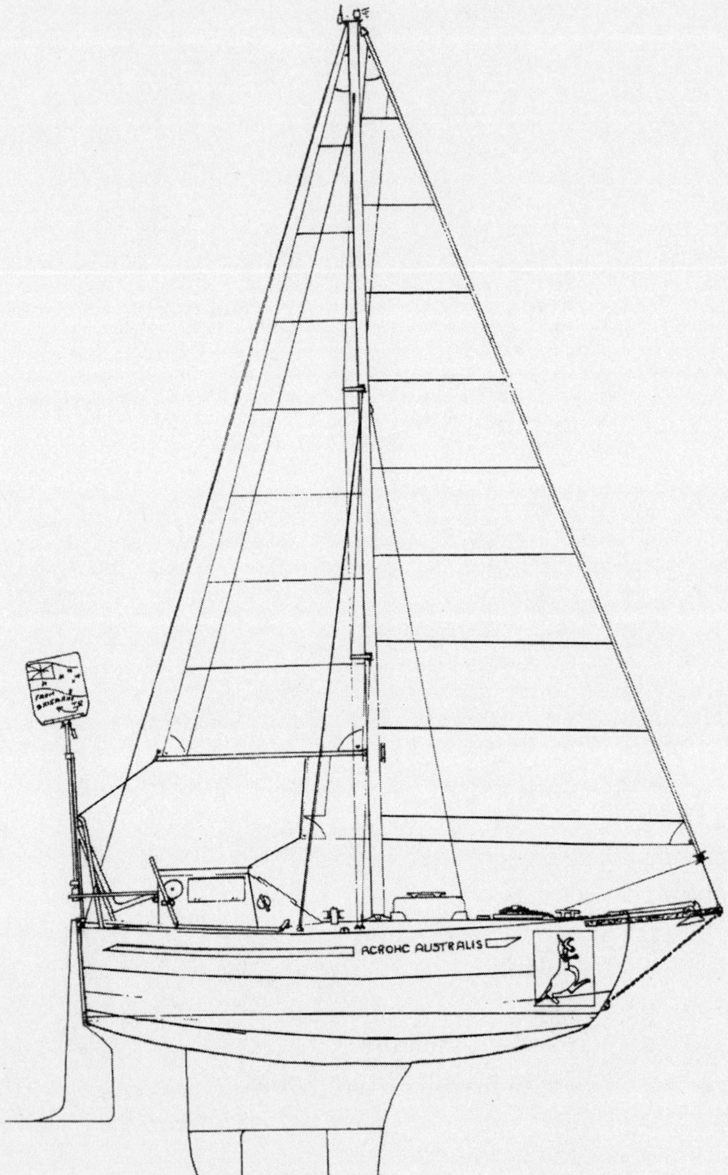
ACROHC AUSTRALIS

Capítulo 1
VELEJANDO

Com bons ventos pela popa, o Acrohc navegava pelas águas tranquilas e azuis do oceano Índico, debaixo de um sol brilhante e acolhedor. Eu estava a meio caminho entre Darwin e as ilhas Cocos, a mil milhas de qualquer lugar, e, depois de um mês no mar, a sensação de estar no meio de nada ainda me agradava.

Eu também curtia a sensação que se tem quando se vê todo um plano realizado, isso para não falar da grande emoção de navegar em mar aberto. Alguns golfinhos brincalhões me visitavam, acompanhando-me por uma hora ou mais antes de sumirem. Mesmo eles me deixando, eu ainda tinha uma companhia: um pequeno peixe-piloto, listrado. Eu me divertia vendo-o zarpar à caça de peixes menores e sempre voltando para junto do *Acrohc*.

Dois dias antes, eu havia cruzado com um cargueiro e usado o rádio VHF para enviar uma mensagem a ser retransmitida para casa. Ela dizia: "Posição 13°13' Sul, 116°17' Oeste. Tudo bem a bordo. Com amor, Serge". Eu sabia que aquelas poucas palavras levariam felicidade a minha família.

Eu já tinha ouvido falar nas ilhas Cocos, mas, até então, elas não eram nada mais que um ponto escuro minúsculo no mapa; um lugar que eu tinha que encontrar na vastidão do oceano. Pela primeira vez, tive que confiar em minha perícia com o sextante. Essas ilhas eram o primeiro lugar fora da Austrália que eu visitava com o *Acrohc* e seriam seguidas por um monte de novos lugares e muita água, antes que eu pudesse voltar a Brisbane.

Naquele momento, calculei que eu ainda levaria umas duas semanas para chegar a terra firme e ao conforto de que eu não dispunha no mar — isso se os ventos se mantivessem favoráveis. A estação dos ciclones já havia chegado. Estávamos em janeiro, que não é o melhor mês para navegar naquelas águas, mas eu sabia que o *Acrohc* podia aguentar o mau tempo e, por isso, não me preocupava muito.

Entretanto, menos de duas semanas depois, no 44º dia de viagem dessa etapa, os ventos começaram a mudar de direção, soprando cada vez mais fortes, até levantarem ondas que vinham quebrar-se sobre a proa. Com isso, eu já não podia nem manter a escotilha aberta.

À medida que o vento aumentava sua força, eu ia reduzindo a vela, até ter apenas o mínimo necessário para não ficar parado. Logo as ondas se tornaram mais altas do que o próprio *Acrohc*, desabando sólidas sobre a cabine. O calor e a umidade lá dentro se tornaram intoleráveis. As piores ondas não eram as que desabavam sobre o barco, mas aquelas que atingiam o casco com incrível velocidade. Eu precisava agarrar-me com todas as forças para não ser jogado de um lado para o outro. O *Acrohc* chegava a inclinar 45 graus, e, quando uma dessas ondas de alta velocidade atingia o casco exposto, tudo que estava dentro do barco — inclusive eu — era jogado violentamente contra as laterais. Era impossível dormir ou, ao menos, descansar.

Desconfiei de que eu estivesse lidando com um ciclone. Eu sabia que o *Acrohc* sobreviveria, mas comecei a me perguntar até onde eu conseguiria aguentar aquele inferno sem enlouquecer. "Por que estou aqui?", me perguntei. O que havia me motivado a embarcar em tal aventura? Provavelmente eu estava louco, mas nunca fui masoquista nem tive ímpetos suicidas. Por que, então, fui me meter em uma situação dessa?

Tudo o que eu queria era fazer um cruzeiro ao redor do mundo. Certamente existem caminhos mais tranquilos do que este para fazê-lo. Por que eu tive de escolher a maneira mais difícil?

Pensei sobre meu desejo por algum tempo, até que um dia, em nossa pequena oficina, decidi encomendar o material de que eu precisava para construir o *Acrohc*. Mas só depois de ver os duzentos quilos de alumínio para uso marinho no chão da oficina é que me convenci de que eu iria mesmo construir o barco. Até então, aquilo não passava de uma ideia que, aos poucos, ganhava corpo na imaginação. Por fim, lá estava, no chão, aquela pilha de chapas e perfis. Não havia desenhos, o projeto estava na minha cabeça. Não que eu não acreditasse em projetos, mas eu era o projetista, o construtor e o proprietário e sabia exatamente o que queria.

Foi assim que comecei a dar forma às peças e soldá-las, cortando aqui e alongando ali, modificando o projeto várias vezes. Mudei o contorno da quilha muitas vezes, até sentir que estava boa. Cada detalhe, como as linhas do casco, o leme ou o comprimento do mastro, tinha que parecer bom antes que eu o adotasse em definitivo. Como é que eu poderia ter posto tudo isso no papel, antecipadamente?

Aos poucos, a pilha de metal no chão virou um barco. A montagem da superestrutura e o acabamento vieram a seguir. Antes que se passasse muito tempo, lá estava eu com um belo barquinho que me levaria ao redor do mundo. Eu me sentia orgulhoso e feliz, e já começava a sonhar com ilhotas tropicais enquanto passava a primeira demão de tinta amarelo-clara.

No dia 9 de junho de 1984, lancei meu mini-iate no rio Brisbane, por onde eu deveria iniciar a longa viagem. Henry, meu irmão mais velho, ainda se lembra da minha empolgação ao remar um barquinho inflável em direção ao *Acrohc*, quando ele flutuou pela primeira vez. Não me contive e gritei: "Estou livre! Estou livre!", com aquela sensação maravilhosa de saber que meu novo lar não estava preso a nada e eu podia ir para onde quisesse.

Apenas os parentes mais chegados e uns poucos amigos estiveram presentes no lançamento. Só eles sabiam que eu pretendia velejar ao redor do mundo e estabelecer um recorde mundial de circum-navegação no menor barco. Além dessas pessoas, não confiei minha ambição a ninguém mais, especialmente à mídia, pois achei que eles se mostrariam céticos; na verdade, nem mesmo minha família estava convencida de que eu conseguiria realizar essa façanha.

De fato, ninguém podia compreender por que eu iria construir um barco de menos de 12 pés (aproximadamente 3,6 metros) de comprimento, com um calado de 1,5 metro, seis compartimentos estanques e uma estrutura sólida como um tanque de guerra, apenas para velejar em torno da baía de Moreton. Ouvi várias vezes muita gente dizer que eu não devia estar "batendo bem" da cabeça. E, a essa altura, nem mesmo eu estava convencido de que meu plano era viável. Eu sabia que tinha um barco resistente e de boa navegabilidade, mas, no final das contas, de apenas 3,6 metros de comprimento. Como será que ele enfrentaria as grandes ondas, as tempestades ou, até mesmo, os tufões? Será que ele poderia emborcar? E mais: será que eu seria capaz de suportar os embates contínuos e os balanços, ou acabaria ficando louco, como muitos já achavam que eu estava? O melhor jeito de saber era experimentar!

Dois dias após o lançamento, decidi partir na surdina, porque, caso eu não conseguisse seguir em frente, não teria que me desculpar — apesar de o maior golpe, no caso de um eventual fracasso, ser em meu amor-próprio.

Inicialmente, o *Acrohc* navegou bem em sua viagem inaugural, pelo rio Brisbane. A corrente favorável e o pequeno motor de popa 4 HP nos ajudaram, e progredimos bem. Entretanto, ali experimentei meu primeiro problema, já a meio caminho, rio abaixo, quando o *Acrohc* se desviou repentinamente do rumo e, descontrolado, quase foi de encontro ao pilar de uma ponte. Tão pequeno e com um mastro relativamente alto, ele precisava ter um equilíbrio de vela perfeito. Descobri que o mastro não havia sido posicionado suficientemente avante, e, por isso, qualquer pé de vento apontava o barco para a direção errada, deixando-o fora de controle. Como eu já desconfiava, ainda havia modificações a fazer.

Como solução imediata, reduzi a vela, mas isso também diminuiu a velocidade. A única maneira de melhorar a situação seria acrescentar um gurupés,[1] o que deslocaria a genoa[2] sessenta centímetros à frente. Isso eu só fui fazer mais tarde, na viagem. Não tive outros problemas no percurso fluvial, que foi completado pelo *Acrohc* sem maior esforço.

Adentramos a baía de Moreton, que é protegida do mar aberto por algumas ilhas; um lugar perfeito para eu aprender mais sobre meu barco. Foi lá que fiquei sabendo que sua velocidade máxima era de cinco nós em água calma (um nó significa navegar a uma milha marítima por hora, ou seja, 1,8 quilômetro por hora) e que ele poderia aproar a 30 graus contra o vento, mas navegava ainda melhor a 45 graus, ou seja, eu podia navegar muito bem contra o vento.

Também descobri que o autodirecionamento funcionava bem, uma grata surpresa para mim, que havia projetado o sistema à minha moda, um pouco diferente do convencional. Normalmente, em um mecanismo autodirecional, a aleta atua como um compensador (espécie de pequeno leme), que, por sua vez, opera o leme principal. No entanto, eu acreditava que, devido à baixa velocidade do barco, uma ação direta seria melhor. O aspecto mais positivo desse mecanismo

1. Mastro de proa inclinado, onde se fixam os estais da vela principal.
2. Vela frontal de forma triangular.

era que ele podia ser ajustado de dentro da cabine. Por meio de um sistema de cabos, eu podia ajustar a aleta apenas girando a manivela localizada atrás do assento.

Havia também uma alavanca interna que atravessava o convés e era conectada por um sistema complicado de outras alavancas e dobradiças, permitindo operar o leme sentado na cabine, mesmo com a gaiuta fechada — um excelente dispositivo para dias chuvosos. Para dias bons, eu tinha uma alavanca no convés.

Eu também podia colher ou desfraldar as duas velas de dentro da cabine. Os estais eram enrolados em seis catracas, no convés, cujas manivelas ficavam dentro da cabine. Duas catracas controlavam os cabos para içar a genoa, e outra colhia ou desfraldava a vela de proa. Dessa maneira, eu podia reduzir ou aumentar a vela de proa, de acordo com a força do vento. A vela-mestra rolava sobre o pau de palanque por meio de outra catraca, o cabo para manobrar essa vela era operado pela quinta catraca, e a sexta servia para desfraldar a mestra. Essas seis catracas eram tudo que eu precisava para manobrar as velas no mar.

Não foi fácil garantir a estanqueidade da cabine pelos furos das manivelas, mas as buchas de náilon que eu coloquei como gaxetas deram bons resultados. Na realidade, só no fim da viagem as gaxetas começaram a desgastar, permitindo a entrada de umas gotas de água.

Todas essas inovações visavam permitir que, em mau tempo, eu manobrasse o barco de dentro da cabine e com a gaiuta fechada, permanecendo tão seco quanto possível.

Naquele dia, meu primeiro porto de destino era Scarborough, um pequeno ancoradouro localizado alguns quilômetros ao norte de Brisbane, mas ainda dentro da baía de Moreton. Quando cheguei, o céu estava escuro, chovia, e eu tinha me esquecido de um enrocamento que se estendia desde a praia, mar adentro! Por sorte, apenas a quilha bateu nas pedras, e o *Acrohc* conseguiu escapar. Apesar disso, não consegui achar as luzes verde e vermelha que balizam a entrada do pequeno porto. Só após algum tempo consegui avistar a luz vermelha e, navegando em sua direção, acabei encalhando, ficando bem preso. Dois minutos depois, a luz vermelha passou por mim. Foi então que percebi que não era a baliza do porto, mas a luz de navegação de um barco pesqueiro. Comecei bem!

A essa altura, estava escuro como breu, eu havia encalhado e não tinha a menor ideia de onde estava. Não podia fazer outra coisa senão lançar âncora, esperar pela maré e dormir. O raiar do dia haveria de trazer uma solução para o problema. Daí tirei minha primeira lição: nunca chegue a lugar nenhum depois do anoitecer!

Pela manhã, fiquei surpreso ao ver o quebra-ondas e a entrada do ancoradouro duzentos metros à direita. Ancorei pouco depois e, após tomar uma xícara de café, peguei meu livro de bordo e escrevi "Scarborough, primeira parada", além de mais alguns detalhes do percurso. A partir de então, registrei os eventos de cada dia no livro de bordo.

Minha família veio ver-me pela última vez antes de eu partir para o norte, ao longo da costa de Queensland. Dava para notar que meus pais não estavam com muita disposição para comemorar minha partida. Só então descobri o porquê de eles não mostrarem muita preocupação com aquela aventura: é que, mesmo no lançamento do *Acrohc*, eles não acreditavam que minha navegação fosse além da baía de Moreton. Mas, agora que eu estava fora das águas de Brisbane e afirmava que tudo ia bem, eles ficaram chocados ao constatar que minha saída era para valer e perderam a esperança de que eu desistisse de minha "ideia suicida".

Como já era tarde e o iate clube estava fechado, nós nos sentamos do lado de fora do cais e tomamos um drink de despedida. Eu sabia que ainda ia vê-los antes de sair da Austrália, mas, mesmo assim, foi um momento comovente.

Meu irmão mais novo, John, lembrou-me pela centésima vez de que eu deveria amarrar-me ao barco sempre que estivesse com a gaiuta aberta. Sua preocupação maior era que eu caísse pela borda e ficasse para trás apenas com a roupa do corpo... isso se eu estivesse vestindo alguma coisa!

Henry examinou cuidadosamente o barco, da proa à popa, procurando sempre algum defeito, e quase ficou satisfeito — mas nem tanto — quando não encontrou nada de que pudesse reclamar. Eu prometi mais uma vez, para cada um, que seria cuidadoso, disse que eles não precisavam preocupar-se comigo e que eu manteria contato.

Na manhã seguinte, larguei cedinho em direção à ilha Bribie, que está logo à saída da baía de Moreton. Era inverno, e as praias, normalmente cheias no fim de semana, estavam, dessa vez, desertas e tristes. Cheguei à ilha ao anoitecer, sem problema. O *Acrohc*, aos poucos, ia provando do que era capaz.

No dia seguinte, dirigi-me para o porto de Mooloolaba. Depois de atingir uma velocidade média de quatro nós, graças a bons ventos, amarrei-me no píer do iate clube para passar a noite. Foi lá que contatei um amigo, Lee, que conheci quando estava construindo, para ele, um barco de 45 pés. Ele me convidou para o jantar e para um banho de chuveiro, insistindo: "Nunca se sabe quando é que se vai poder tomar outro banho!" Durante toda a viagem, de vez em quando eu me lembrava de suas palavras e, muitas vezes, teria investido uma fortuna pelo luxo de estar debaixo de um chuveiro de água doce.

Saí de manhã para Noosa, onde ancorei no fim da tarde, em uma bonita enseada de areia. Eu deveria ter ficado por lá, mas preferi subir o rio, que me levaria à cidade propriamente dita, onde eu poderia passear um pouco — durante toda a viagem, eu sempre gostei de dar uma volta e desfrutar de um drink. Assim, eu fazia novos amigos, e uma dose acabava virando muitas!

Para chegar até Noosa, porém, eu teria que navegar sobre um banco de areia na foz do rio. O *Acrohc* raspou o fundo, mas, por sorte, as ondas nos empurraram, impedindo que encalhássemos. Depois de avançar o rio, eu não encontrei o canal e, novamente, encalhei. Tive que esperar a noite inteira para que a maré enchesse e nos livrasse.

Como ainda estava claro, e para não passar vergonha, joguei uma linha de pesca, para que a tripulação de alguns barcos pesqueiros próximos pensasse que eu tinha encontrado um bom ponto de pesca.

Com a maré da manhã, conseguimos nos safar daquele maldito banco de areia. Um pescador que passava me indicou o canal para sair do rio, pois, àquela altura, eu já tinha perdido completamente o interesse em dar uma volta e tomar um trago. Para dizer a verdade, nem me sentia mais tentado pelo principal chamariz turístico de Noosa: sua praia de nudismo.

Procurando vencer o banco de areia, encalhei de novo e, dessa vez, não pude nem fingir que estava pescando. Uma lancha a motor encostou, e um dos tripulantes perguntou: "Algum problema aí, companheiro?" Desgostoso comigo mesmo, perguntei se eles poderiam me dar um reboque, "só para me safar daqui".

Eu me senti agradecido por ninguém ter tentado zombar de mim, mas, como estávamos em apenas meio metro de água e o *Acrohc* precisava de um metro e meio para flutuar, eles tiveram que nos arrastar através do banco. Foi passando por essa humilhação que eu aprendi outra valiosa lição: nunca vá a lugar nenhum sem saber como ir. Apesar de tudo, essa foi uma lição que eu, muitas vezes, esqueci.

Deixando para trás esses azares, saí para a baía Larga, em mais um dia de vela costa acima. À tarde, ancorei em frente a uma praia isolada. Era uma enorme baía, aberta e com muito vento. Certamente não era o melhor local para passar a noite, mas, como os acontecimentos da véspera ainda estavam vivos na memória, nem sequer pensava em cruzar a barra antes de amanhecer. Teria que esperar o sol raiar para seguir o canal entre a costa e a ilha Fraser, famosa por suas praias e por ser uma reserva nacional.

Esperava encontrar o iate *Moonshine*, pois sua tripulação tinha me prometido conduzir o *Acrohc* pelo canal, mas, quando amanheceu, sem avistar a navegação, resolvi tentar sozinho. Aproximei-me da barra com muito cuidado. Se perdesse o canal, estaria em séria dificuldade. As ondas grandes me lançariam facilmente na praia. Havia pouco vento, e, com o motor funcionando bem, nós quase "surfamos" para dentro do canal. Porém, quando virei para atravessá-lo, uma onda atingiu o *Acrohc*, e o motor parou.

Entrei em pânico por uma fração de segundo — eu tinha que dar partida ao motor antes que as ondas nos jogassem na lateral do canal. Felizmente, com umas puxadas violentas da corda de partida, consegui que ele andasse de novo e pude relaxar, com o motor nos empurrando suavemente pelas águas dos estreitos Sandy. Desejei não ter que depender dele com muita frequência.

Dentro do canal, era um mundo diferente. Sem vento e sem ondas. Como se eu estivesse em uma lagoa. Na verdade, daquele ponto até a extremidade norte da Austrália eu iria navegar, quase sempre, por águas protegidas, seja por diversas ilhas, seja pela Grande Barreira de Corais.

Logo que transpus a barra, o *Moonshine* chegou. O piloto logo gritou que eles não esperavam que eu chegasse à barra naquela manhã. Na verdade, eles não esperavam que o *Acrohc* velejasse tão rápido. Seria a primeira de muitas vezes em que a velocidade do *Acrohc* seria subestimada. Depois de um rápido papo com a tripulação do iate, continuei meu caminho.

Cheguei à baía Tin Can na tarde do mesmo dia, mas tive que passar a noite lá mesmo porque, apesar das águas claras da baía, encalhei outra vez. Isso se repetiu na tarde seguinte, quando cheguei à costa de Point Vernon, tomada por mangues. Encalhar nos estreitos Sandy é muito fácil — o próprio nome já diz: "Estreitos Arenosos". Trata-se de uma vasta área de águas rasas, pontilhada de bancos de areia. Os canais entre esses bancos são balizados, mas essas balizas estão espaçadas de tal maneira que, depois de ultrapassar uma delas, geralmente eu tinha que velejar meia milha até avistar a próxima. Como eu estava em um barco superbaixo, isso atrapalhava mais ainda.

Não me senti muito envergonhado por encalhar tantas vezes. Poucos iates conseguem atravessar os estreitos sem problemas. Mesmo as traineiras locais encalham ocasionalmente.

Uma vez, quando o *Acrohc* estava encalhado em paz e apenas um pouco inclinado, resolvi tirar o máximo proveito da tarde repousando com a gaiuta aberta e uma boa xícara de café. O mar estava um espelho, e não se ouvia nenhum som — salvo um pernilongo de vez em quando. Nós estávamos a milhas de qualquer lugar.

De repente, ouvi um sopro violento vindo de trás do *Acrohc*. Levei o maior susto e temi pelo pior. Felizmente, não era nenhum monstro marinho, mas apenas uma tartaruga inofensiva vindo à tona para "trocar" o ar. Durante a viagem, ouvia sons estranhos com frequência. Às vezes, eram tartarugas; outras vezes, golfinhos, mas nunca me assustei tanto como naquele momento.

Perdi mais uma noite encalhado, por ter tentado — depois de escurecer! — encontrar, rio adentro, o canal que leva até a cidadezinha de Burrum Heads. Na manhã seguinte, rio acima, encontrei Vince, um amigo de Brisbane, também em cruzeiro, que me esperava. Ele tinha um iate de 28 pés e também seguia para o norte, mas ia com muito menos pressa e não tinha a intenção de dar a volta ao mundo.

Os dois dias que permaneci ancorado no rio, em Burrum Heads, me deram uma boa oportunidade para descansar e fazer algumas longas caminhadas pelas praias próximas, antes que Vince e eu partíssemos para Bundaberg, a "Cidade do Rum".

Deixamos para trás as tranquilas águas dos estreitos Sandy, e, no trecho seguinte da costa não protegida, o mar tornou-se muito mais revolto. Eu ainda conseguia velejar razoavelmente bem, dava até para fazer um café no fogareiro a álcool. Só que, fechado dentro da cabine, eu não podia avaliar o quanto o mar tinha ficado agitado, até ouvir um assobio. Abri a gaiuta e vi o barco de Vince a cerca de dez metros. Ele gritou: "Não vou topar essa parada. Vou voltar!"

Compreendi sua decisão. Não é muito agradável seguir em um barco de cabine aberta, com mau tempo, como já pude experimentar em meu primeiro barco, uma velha chalupa de madeira de 25 pés que havia comprado dez anos antes, em Sidney. À primeira vista, já não tinha uma boa aparência, mesmo estando fora da água. Não havia sinal de apodrecimento no casco, e, então, sem hesitar, paguei o preço pedido, de mil dólares. O valor baixo era porque ele tinha ficado submerso no ancoradouro durante alguns meses, sob o peso de meia tonelada de lodo. Na realidade, ele se tornara a habitação de cerca de um milhão de cracas, uma moreia de dois metros e dúzias de peixes menores.

Só quando comecei a trabalhar na reforma é que vi que várias nervuras do cavername precisavam ser substituídas. A cabine também estava caindo aos pedaços, e, por isso, acabei por fazer uma superestrutura toda nova. Seis meses de trabalho árduo me recompensaram com um lar sobre a água, que orgulhosamente rebatizei *Lisa*, nome de minha única sobrinha.

Minha ideia era que ele me possibilitasse viajar o mundo todo sem precisar carregar bagagem ou procurar acomodação aonde quer que eu chegasse. Meus conhecimentos sobre barco, navegação e vela eram zero. Eu sabia que gostava do mar, mas minha única experiência no oceano consistia em olhar a água, do convés dos transatlânticos. A palavra "cruzeiro" (do verbo "cruzar") não me era familiar, mas eu aprenderia que ela tem um significado muito peculiar.

Na verdade, um "iatista" é uma espécie de "cigano dos mares". No entanto, ao contrário do que muitos pensam, essa vida nem sempre é fácil. Logo eu comecei a gostar da ideia, e não demorou muito para que, depois de tentativas e erros, eu aprendesse a armar velas e entendesse o que eram e para que serviam todas as partes do meu barco. Comprei um livro sobre navegação costeira e nele aprendi o básico para sair navegando sozinho.

Quando o *Lisa* ficou pronto para velejar, meu irmão John concordou em me ajudar no translado, velejando de Sidney até Brisbane. No segundo dia de navegação, vimo-nos envolvidos em um grande temporal, e, naquele mesmo dia, eu jurei nunca mais pôr o pé em um barco. É claro que eu não cumpri o prometido e, mais uma vez, jurei a mesma coisa. No entanto, voltando ao *Acrohc*, o fato de poder permanecer fechado dentro da cabine tornava mais fácil suportar o mau tempo, especialmente com as manivelas internas. Durante a viagem até Bundaberg, o mar estava muito agitado, com ventos de até 35 nós, mas, pelo menos, soprando na direção certa. Também fez muito frio, e, mais tarde, fiquei sabendo que, pela primeira vez em cem anos, havia nevado em Queensland.

Fiquei aliviado quando cheguei ao rio que leva a Bundaberg e lá pude ancorar, todo protegido por árvores. Estava mais quente do que em mar aberto, e, no calor da cabine, preparei uma sopa de vegetais bem quente. Depois dormi feliz por saber que o *Acrohc* era capaz de aguentar o mau tempo, embora estivesse ciente de que poderíamos encontrar tempo bem pior quando chegássemos a mar realmente aberto.

No meio da noite, fui acordado por um grito de mulher: "Alô, barco amarelo com listras!" O *Acrohc* não tinha nenhuma listra, mas os gritos me pareceram sérios o bastante para que eu pulasse da cama e saísse do calor da cabine. Quando levantei a gaiuta, deparei-me com um rebocador todo enferrujado, de um lado do *Acrohc*, e, do outro, com um grande iate. Os dois vinham deslizando em nossa direção, e parecia que iam fazer um sanduíche de meu barco. Eu ainda não estava muito acordado, mas logo percebi que tinha que recolher a âncora e dar o fora dali, sem discussão. Mais tarde me disseram que a âncora dos dois se enroscou.

Encontrei o iate branco *Freebooter* novamente, na manhã seguinte, quando eu tentava subir o rio a motor até a cidade. Meu motor de popa não conseguia vencer o forte vento contrário; assim, na amizade, eles me deram um reboque por algumas milhas, e eu acabei perdoando o modo grosseiro como me acordaram na noite anterior.

Em Bundaberg, encontrei o material de que eu precisava para fazer o tão necessário gurupés, que não apenas melhorou o velejar, mas também serviu como um bom local para guardar minha nova âncora CQR. Comprei esse tipo de âncora, de pás largas, por ser apropriada à maioria dos leitos de mar e por poder usá-la como âncora principal — a âncora de pescador, tradicional, funciona melhor em leitos cobertos de algas.

Também modifiquei o sistema de recolher a vela-mestra. Originalmente, a vela enrolava em um cabo de aço, sistema não eficiente, pois, quando se desfraldava apenas meia vela, sua conformação ficava distorcida. Coloquei um perfil de liga em torno do cabo de aço, onde a vela podia ser enrolada; dessa forma, independentemente da quantidade de vela solta, sua forma e eficiência permaneciam inalteradas.

Um dia, quando ainda estava ancorado em Bundaberg, a tripulação do *Freebooter* veio a bordo para dar uma olhada no *Acrohc*. Outra tripulação, do *Ben Kelly*, um iate que eu conhecia de Brisbane, também se uniu a nós. Ao todo, nove pessoas subiram a bordo, simultaneamente, e tivemos uma reunião, que só podia ser feita no convés. Depois, esse recorde de nove pessoas foi quebrado.

Descobri que uma das coisas boas de ter um barco tão pequeno era poder se amarrar no cais junto com as catraias; afinal, o *Acrohc* tinha o mesmo tamanho de uma catraia! Os outros iates tinham que amarrar as boias no meio do rio e pagar uma taxa.

Passei uma semana em Bundaberg antes de partir em minha primeira viagem de uma noite até um lugar chamado 1770, em homenagem ao ano em que o capitão Cook aportou por lá. Não havia nada lá que interessasse muito, a não ser um acampamento e um quiosque, mas encontrei Vince outra vez. O lugar não me agradava tanto, mas fiquei lá uma semana porque tinha prometido esperar pelo *Ben Kelly*. Passei a maior parte do tempo batendo papo com iatistas.

Eles finalmente chegaram, e, depois de outra reunião comemorativa, deixei meus amigos para trás e parti a motor pelo rio largo e raso. A situação já estava ficando ridícula, pois encalhei novamente. Só que, dessa vez, consegui me safar com facilidade, lançando a âncora o mais longe possível e puxando o barco. O fato de o *Acrohc* pesar só quinhentos quilos ajudou muito, e eu usei esse método inúmeras vezes, com sucesso, para me safar dos bancos de areia.

A caminho do cabo Capricorn, ventos contrários me obrigaram a parar, pernoitando em Pancake Creek. A essa altura da jornada, eu ainda podia parar, mas depois tive que resistir a todas as situações criadas pelo mau tempo ou por outros imprevistos.

Na manhã seguinte, pensei em desembarcar e colher alguns limões selvagens que me disseram haver por lá ou talvez pegar algumas ostras nos rochedos, mas decidi sair velejando. O vento havia mudado durante a noite, de modo que saí de Pancake Creek com ventos fortes e favoráveis, que se mantiveram durante todo o percurso até o cabo Capricorn. Com o tempo bom, fiz uma média de 4,5 nós e uma velocidade máxima de sete nós, embora ela fosse conseguida surfando sobre a onda. Eu estava chegando aos trópicos e a temperaturas mais quentes.

A próxima parada foi na grande ilha Keppel, ponto turístico muito belo e popular, com praias de areias finas e muita vegetação tropical. Eu teria ficado com gosto um par de dias em terra, entre coqueiros, mas, no segundo dia, caiu um temporal e eu fiquei preso a bordo, pois o vento soprava em direção aos rochedos e eu estava ancorado bem em frente a eles. Seria muito perigoso tentar levantar âncora e mudar de lugar, o que me obrigou a ficar a postos até que o vento amainasse e o *Acrohc* parasse de gingar a cada onda. Não havia grande perigo nem nada que eu pudesse fazer, a não ser ter paciência e confiança de que a âncora suportasse o embate. Fui tentado várias vezes a me deslocar, ainda que fosse apenas para ter um pouco mais de conforto, mas lembrei a mim mesmo que a viagem seria longa e eu não deveria assumir riscos desnecessários. A paciência é um importante requisito na arte de velejar.

Consegui mudar de posição na manhã seguinte e retomei minha navegação pela costa, com paradas noturnas. Parei em outras cinco ilhas antes de aportar em Mackay. Amarrei o barco para passar a noite no cais, onde, pela primeira vez, experimentei uma maré de cinco metros, que acontece naquela parte da costa. À medida que a maré vazava, o cais se tornava cada vez mais alto, e, durante a noite, tive que afrouxar as amarras várias vezes. Pela manhã, o cais estava mais alto do que o topo do mastro.

Continuando, cheguei a Shute Harbour, mas, depois que vi as dúzias de iates de aluguel que lotavam o porto, resolvi não parar lá. Como o *Acrohc* é um iate de cruzeiro, logicamente ficaria deslocado; assim, dirigi-me para a praia de Airlie, onde logo me senti à vontade.

Centenas de iates de cruzeiro de todo o mundo estavam ancorados por lá, e eu consegui me reunir com muitos amigos. A cada dia, mais iates chegavam. Alguns eram de velhos conhecidos, e outros eram iates que eu havia conhecido depois que parti de Brisbane. Conversávamos sobre portos distantes e rotas oceânicas, e isso tudo me deixava mais ansioso para seguir em frente. Só a perspectiva de ancorar o *Acrohc* em um porto estrangeiro já me deixava empolgado.

Havia outra razão para eu demorar tanto na praia de Airlie. Situada bem no centro das ilhas Whitsundays, ela é cercada por balneários alegres, que dão a impressão de uma festa permanente. Além de visitar dois desses balneários, velejei até a enseada de Nara, que ficava próximo, e passei três dias na deserta ilha Hook. Lá encontrei muitas ostras nos rochedos e fiz belos passeios na mata. Um desses passeios me levou até uma caverna com inscrições, que serviu de habitação aos aborígines há muitos anos. As inscrições rupestres e o porto natural muito bem abrigado combinam-se para fazer da enseada de Nara uma atração muito popular entre os iatistas. Essa enseada é, na verdade, o ancoradouro preferido quando os ciclones ameaçam as ilhas Whitsundays.

A bela e preservada ilha, coberta de vegetação densa e com recifes muito interessantes, visíveis através de suas águas claras e mornas, faz da área um paraíso dos iates de cruzeiro. Passei um mês descansando por lá, cruzando entre as ilhas e preparando a mim e ao *Acrohc* para o próximo trecho da jornada.

O preparo do *Acrohc* consistiu em aplicar uma nova camada de tinta protetora no casco e, finalmente, pintar seu nome. Isso foi necessário para o registro, que também precisava ser feito antes de deixarmos a Austrália. O nome do barco, *Acrohc Australis*, e seu porto de registro, Brisbane, tinham que estar pintados na popa com letras de dez centímetros, conforme o regulamento, e confesso que tive dificuldade para fazer caber tudo no pequeno espaço existente.

Esse nome teve origem quando eu ainda estava construindo o barco. Eu gostava de *Australis*, mas já havia muitos barcos com esse nome. No processo de encontrar outro, pedi a minha mãe sua sugestão. Ela me respondeu no dialeto italiano que sempre falamos em casa: "Que barco? Ah... você se refere a essa coisa?" "Coisa", no dialeto, é "*Acrohc*", e, por isso, meu barco se chamou *Acrohc Australis*, um nome estranho para um barco estranho.

Quando eu ainda estava nas ilhas Whitsundays, não pude resistir ao impulso de inscrever meu barco "diferente" na famosa Corrida de Brincadeira de Whitsunday. Participaram mais ou menos quinhentos barcos, e não interessava quem fosse o vencedor, contanto que todos se divertissem. No momento da inscrição, o fiscal não fez comentários a respeito do tamanho do *Acrohc*, mas, durante a corrida, foi uma piada só!

Uma das regras era que o barco deveria ter uma figura de proa, preferivelmente uma mulher com pouca ou nenhuma roupa. Embora eu gostasse da ideia de ter uma no meu barco, o *Acrohc* era muito pequeno para isso e, com pesar, ficou isento dessa regra. No final, eu ganhei um prêmio — não por chegar em primeiro ou último lugar, mas por ser o menor barco participante. A garrafa de rum que recebi não serviu apenas para minha despedida dos amigos que iam voltar ao sul para o verão e para escapar da estação dos ciclones, foi também usada para saudar minha intenção de dar a volta ao mundo, que eu anunciei na ocasião.

A mídia não teve dúvida em rotular o *Acrohc* de "banheira à vela", mas todos os meus amigos iatistas acharam que a proeza era viável, embora nenhum me invejasse.

Eu ainda tinha que provar a mim mesmo que seria capaz de suportar os longos e solitários trechos da viagem, mas, pelo menos dessa vez, eu já sabia que o *Acrohc* faria sua parte. Uma vez que eu já havia dito a todo o mundo as minhas intenções, também não tinha mais escolha.

N. America
Europe
Asia
Pacific
Atlantic
Africa
S. America
Indian
Australia
Australia
Aerobic Australis
June 1984 - May 1987

Capítulo 2

DA BARREIRA DE CORAIS PARA O MAR DE ARAFURA

No dia 15 de setembro, um dia depois da grande corrida, deixei a praia de Airlie. Já se haviam passado mais de três meses desde a viagem inaugural do *Acrohc*, rio Brisbane abaixo, e resolvi que os dias de boa vida tinham acabado. Esse negócio de ficar dando pulinhos de um dia para subir a costa de Queensland tinha que acabar, ou eu levaria dez anos para completar a circum-navegação. Assim, a noite de 15 de setembro foi toda velejada. Até então, eu havia apenas dormido no *Acrohc*, quando ele estava ancorado, mas confesso que não tive o menor problema em dormir naquela noite.

No segundo dia, no entanto, tive que fazer uma parada não programada, nem desejada, no cabo Bowling Green, que provavelmente recebeu esse nome por sua cobertura de grama, verde e viçosa. Meu plano era dormir à noite e acordar de hora em hora para conferir eventuais mudanças do vento. Só que, naquela manhã, eu apaguei e acordei com uma pancada no casco. Enquanto eu dormia, o vento havia mudado de direção e nos empurrado para a praia, onde a arrebentação com ondas de um metro jogou o *Acrohc* sobre a areia dura. Para piorar as coisas, a maré estava em vazante. Ao contrário das minhas prévias raspadas em bancos de areia e outros encalhes, não tive opção entre passar a noite dormindo ou esperar a maré subir; dessa vez eu tinha que agir rápido.

Agarrando uma âncora, mergulhei na arrebentação e nadei em direção ao mar, até onde a corda dava. Lançando aí a âncora, nadei de volta ao *Acrohc* e subi no mastro até meia altura. Usando meu corpo como contrapeso, puxei pelo cabo, o que fez o *Acrohc* inclinar lateralmente, livrando a quilha da areia. Daí, puxando pelo cabo, consegui deslocá-lo alguns metros em direção ao mar, usando a primeira âncora para segurá-lo na posição. Saí nadando outra vez e lancei a segunda âncora mais longe. Tive que repetir a operação seis vezes e, durante todas as fases da operação, ia me xingando: "Sua besta! Vê se não deixa isso acontecer outra vez!" Bem, essas são as únicas palavras publicáveis.

Felizmente, o *Acrohc* era resistente o bastante para aguentar toda essa pancadaria e passou por todo o castigo sem maiores danos, mas, dentro do barco, estava a maior desordem, tudo molhado. De minha parte, saí com bolhas e ferimentos nas mãos por puxar cabos. Meu corpo estava todo dolorido: de cansaço e de tanto esforço.

Não me lembro de, em toda minha vida, ter ficado tão revoltado e raivoso comigo mesmo. Prometi que nunca mais deixaria essa situação se repetir — outra promessa que, sinto dizer, deixei de cumprir. Eu queria poder velejar em mar aberto, onde, pelo menos, o risco de encalhar era mínimo.

Cheguei na noite seguinte a Townsville, a capital não oficial de Queensland do Norte. Michael, um amigo que fiz quando cruzava pelas ilhas Whitsundays, tinha oferecido seu ancoradouro de graça, e eu aceitei.

Lá fiquei dez dias, reencontrando amigos, recebendo a correspondência e a mídia e tomando providências para que o registro do *Acrohc* fosse processado por um oficial do porto. (Isso era necessário para que eu obtivesse os documentos para poder sair legalmente das águas australianas — e só consegui algumas semanas antes de deixar a Austrália.)

Depois de uma reunião de despedida no clube de vela de Townsville, que foi organizada e filmada pela rede australiana de televisão ABC, parti para Cairns, a cidade mais próxima da barreira de corais. Cairns é bem conhecida pelos praticantes de pesca pesada, mas era interessante especialmente para mim, por ser a última cidade grande para abastecimento que eu visitaria antes de Darwin, último porto da Austrália.

Foram dois dias de navegação tranquila para chegar a Cairns. Eu estava começando a conhecer bem meu barco e entrando em uma rotina. Embora minhas instalações para a cozinha fossem limitadas, não tinha problemas para preparar refeições. Considerando que, até aquele momento, cada etapa tinha sido bem curta, suprimentos frescos, como carne e vegetais, tinham se mantido bem o bastante nos compartimentos fechados de bordo. Mais tarde, eu aprenderia como conservar os alimentos com êxito durante a longa jornada no mar.

Quase todas as vezes que eu tinha dormido no *Acrohc*, ele estava ancorado, mas achei que pudesse dormir no mar com conforto suficiente, pois eu já havia me acostumado a viver em sua pequena cabine. Com tempo bom, eu podia velejar com a gaiuta aberta, que se convertia, então, em um assento. Com mau tempo, eu ficava lá dentro, sentado ou deitado no fundo. Havia um espaço satisfatório para eu me virar com certo conforto, mas o que não dava mesmo era para ficar de pé. A cabine era muito restrita e toda usada com a maior eficiência possível.

Estando sentado no fundo, o fogareiro a álcool ficava à minha esquerda, e ao lado do fogareiro estavam as duas bombas manuais, de água doce e água salgada. À minha direita ficavam instrumentos básicos de navegação, inclusive um *log* eletrônico, que indica a velocidade real. Consultando-o, eu sabia como dar a vela corretamente para obter a melhor velocidade possível. Nesse mesmo painel, ficavam os interruptores das luzes de navegação e da cabine, bem como um voltímetro que me mantinha informado da condição da bateria — uma bateria de 12 volts de longa duração, de carro.

Eu mantinha a bússola manual à direita. A principal estava fixada acima da mesa de mapas, livre de qualquer possível interferência magnética de equipamentos elétricos, tais como o ecobatímetro. Este era, teoricamente, a peça mais importante de meu equipamento, pois deveria impedir que o barco encalhasse, mas acabei aprendendo, a duras penas, que ele nunca funcionava adequadamente e, por mais que eu tentasse, jamais consegui regulá-lo — tempos depois, na viagem, eu o substituí, mas o novo também não me dava leituras precisas. Não sei se o fato de o *Acrohc* ter o casco metálico teve alguma influência nisso.

Uma mesa de mapas, central e coberta, funcionava também como a mesa de refeições. Ela podia ser deslocada do caminho entre o meu alojamento e o armário das roupas, quando não estava em uso. Lá também ficavam guardadas as cartas de navegação, protegidas contra pingos e borrifos.

Os armários principais de mantimentos ficavam atrás do assento. Outros armários localizavam-se ao longo da lateral do alojamento. Nesses eu mantinha medicamentos, ferramentas e todas as miudezas necessárias. Um desses armários continha foguetes de sinalização de socorro e uma luz estroboscópica, para uso em áreas muito navegadas. Eu dispunha também de um rádio localizador de direção (RDF, do inglês *Radio Direction Finder*), um binóculos, uma câmera fotográfica, um kit de reparo de velas e um sinalizador de emergência, tudo guardado nesse mesmo armário. O sinalizador eu carregava — assim eu pensava — só para desencargo de consciência, pois, uma vez ativado, ele emitia sinais que poderiam ser captados por aviões que passavam dentro de um raio de mais de duzentas milhas. A ideia era que os pilotos pudessem alertar as autoridades para iniciarem uma busca. Isso não era um brinquedo e só deveria ser ativado em caso de real emergência, por exemplo, um naufrágio.

A bateria ficava em um compartimento diante dos meus pés, na parte frontal do barco. Cabos, cordas, bacias, latas e sapatos ficavam armazenados no compartimento de proa, que só era acessível pelo lado de fora. O tanque de água doce ficava por baixo do alojamento, para manter o centro de gravidade baixo. Eu me acostumei a usar água do mar para a higiene pessoal e já nem fazia questão de usar um balde como vaso sanitário. Imagine só que, em ancoradouros lotados, eu era obrigado a usar o balde só à noite. Em alto-mar e com tempo bom, bastava eu me inclinar sobre a borda.

Fui bem recebido no iate clube de Cairns e lá fiquei por dois dias, que foram usados para refazer a provisão do *Acrohc*, que saiu para Port Douglas completamente abastecido.

Comemorei meus 34 anos sozinho, no meio do mar. Entretanto, comemorei novamente no dia seguinte em Port Douglas com alguns pescadores locais, que me informaram a data exata: eu estava adiantado em um dia. Eu estava navegando rápido, mas não mais rápido do que o tempo propriamente dito.

No dia seguinte, ancorado ao largo das ilhas Baixas, um local de turismo, peguei um presente de aniversário tardio, mas comestível: dois peixes que me deixaram muito contente comigo mesmo, foram os primeiros peixes que tinha conseguido fisgar até então. Eu sabia que não poderia confiar nos meus talentos de pescador para me manter abastecido de peixe. Esse havia sido o meu único triunfo "pescatório" até então.

A caminho de Cooktown, o *Acrohc* teve ventos favoráveis de trinta a quarenta nós e um mar picado. À minha chegada, um iatista veio remando para me encontrar e gritou, ao mesmo tempo que me jogou um presente inesperado, mas bem-vindo: "Pega aí! Quem é capaz de velejar com esse vento merece uma cerveja." Concordei.

Fiquei ancorado no rio por dois dias. A cidade já tinha vivido dias melhores durante a corrida do ouro do século XIX e, quando teve início a Primeira Guerra Mundial, ainda era considerada suficientemente importante para receber armamento para rechaçar uma possível invasão. Por isso, ganhou um canhão, três bolas de canhão e dois rifles para fazer frente a qualquer horda invasora. Felizmente, o inimigo não invadiu e foi poupado de um violento encontro com esse impressionante arsenal, que hoje está exposto na praça principal, como um monumento à invasão que nunca aconteceu.

De Cooktown, naveguei ao longo da Grande Barreira de Corais, em etapas diárias, ancorando em diferentes ilhotas a cada tarde. Eu não podia velejar à noite nessas águas, mesmo usando a fórmula de acordar de hora em hora, uma vez que o perigo de bater em um recife ou ir de encontro a um cargueiro era constante. Mesmo velejando durante o dia, tinha que permanecer alerta a cada momento, para me desviar não apenas dos cargueiros, mas também de obstáculos menores, como as tartarugas, que sempre insistiam em nadar lentamente, cruzando minha rota... Eu não queria machucar esses animais tão pacíficos.

Em Portland Roads, uma cidade praticamente abandonada, do tempo da mineração de ouro, minha âncora ficou presa nos restos de um velho pontão. Um outro iatista me ajudou a levantar a tora de madeira na qual ela se prendeu. Por isso, a partida para a ilha de Haggerstone atrasou algumas horas, e cheguei lá já à noite, de maneira que não fiquei sabendo o local exato onde lancei âncora. Mas, em vez de as coisas darem errado, eu tive uma maravilhosa surpresa na manhã seguinte.

Eu havia ancorado no lado protegido da ilha, e, debaixo da quilha do *Acrohc*, estava a mais linda estrutura de coral que eu já vira. Eu conseguia perceber todos os detalhes do leito marinho, que estava inteiramente coberto por uma multidão de tipos diferentes de coral com cores vívidas, coalhado de estrelas-do-mar e de conchas gigantes. Variedades de peixes tão repletos de cor quanto os recifes de coral nadavam ao redor. Levantei âncora e, por uma hora, fiquei à deriva, cuidando para não agitar a água, de modo a ter uma visão bem nítida de uma das maravilhas do mundo.

Em sua extensão, a Grande Barreira se prolonga por mais de dois mil quilômetros, uma espécie de joia gigantesca. O capitão Cook deve ter se maravilhado quando os descobriu mais de 250 anos atrás, embora seu deslumbramento possa ter sido levemente influenciado por ter de navegar o labirinto dos ainda não mapeados canais. Ele quase perdeu o *Endeavour* várias vezes no belo, mas perigoso, recife.

Deixei muito cedo o belo recife e suas águas protegidas, mas prometi a mim mesmo que um dia ainda voltaria àquele lugar.

Continuando em direção ao norte, apanhei uma ave na linha de arrasto, depois uma enguia — o bastante para fazer o melhor pescador desistir.

A caminho da ilha Thursday, no extremo norte da Austrália, reencontrei-me com fortes ventos, mar revolto e chuva. Cheguei à ilha Thursday pesaroso por deixar para trás a Grande Barreira de Corais e, ao mesmo tempo, alegre com o fim das jornadas de um dia, por causa do perigo de navios e recifes. A partir de então, eu poderia fazer percursos mais longos e velejar noites adentro.

Na maior parte de minhas paradas, durante os quatro meses em que cruzei a costa de Queensland, eu consegui apenas dar uma breve olhada nos belíssimos locais onde ancorei. Muitas vezes, preferi ficar a bordo, simplesmente por medo de querer permanecer mais tempo. Visitei também umas poucas ilhas desertas, e, naquelas em que estive, minha permanência foi muito breve. Se eu pudesse, teria gostado de explorar os recifes e a vida marinha ou bater um papo com os raros encarregados dos faróis nas ilhas espalhadas.

Houve muitos lugares em que eu não parei e que eram acessíveis apenas por barco. Eu poderia ter explorado rios internos habitados por crocodilos-de-água-salgada e visitado fazendas de criação de pérolas ou ter conhecido estabelecimentos quase perdidos por aquelas paragens, mas cheguei à conclusão de que levaria toda uma vida para explorar em profundidade a Grande Barreira de Corais; o *Acrohc* e eu precisávamos avançar.

A ilha de Thursday é uma das mais conhecidas do estreito de Torres. Lá, alguns dos ilhéus ainda vivem da pesca artesanal ou da caça de tartarugas marinhas, mas grande parte de seus hábitos parece ter desaparecido. Ainda se viam alguns barcos de pescadores de pérolas ancorados fora do porto da ilha, mas esses belos e antigos veleiros não são mais empregados no negócio de pérolas.

Lá parecia não haver problemas de preconceito racial, e todos eram amistosos, mas não achei nada de muito interessante para mim. Três dias depois, eu já estava pronto para zarpar para a etapa de Darwin, oitocentas milhas através do mar de Arafura. Nessa etapa, ficaria provado se eu seria capaz de suportar a solidão sem enlouquecer.

À medida que a ilha de Thursday ficava para trás, fiz o primeiro lançamento dessa etapa no caderno de bordo:

23 de outubro: "Bom progresso, um bocado de ondas devido ao vasto mar raso, um pouco desconfortável, mas espero ser uma viagem fácil, de cerca de 11 dias."

24 de outubro: "Melhor, ventos mais animadores, sempre vindo de trás. O enjoo usual do primeiro dia passou, começo a gostar da viagem." Eu nunca tive enjoos sérios no mar, mas sempre me ressenti por um ou dois dias quando estava em alto-mar.

25 e 26 de outubro: "Fazendo, em média, oitenta milhas por dia e me acostumando a não fumar." Eu tinha jogado pela borda meu cachimbo e o fumo logo que iniciei essa etapa, em uma tentativa de abandonar o vício.

27 de outubro: "Avistei outro navio hoje e tenho visto um a cada dia, eles me fazem lembrar que não estou totalmente só no mundo." Alguns iates levam rádios de longo alcance, transmissor e receptor, mas eu resolvi não me equipar com um desses, porque eles usam muita carga da bateria.

28 de outubro: "Ventos variáveis, fiz no máximo vinte milhas." Eu estava navegando por estimativa, o que quer dizer que calculava o número de milhas que eram vencidas em uma certa direção. Eu também estava usando o RDF, que funciona por meio de feixes de onda dirigidos de terra. É basicamente como um rádio comum de transistor, só que, em vez de captar estações que transmitem em *broadcast* — ou seja, rádio comum —, ele capta sinais que estão sendo emitidos em feixes determinados. Na realidade, um rádio comum também pode ser usado, e eu usei um. Sabendo a direção e a origem dos feixes nas cartas de navegação e fazendo duas ou mais leituras, pode-se encontrar a posição do barco. Infelizmente, não é um método de muita precisão, e, em algumas áreas, os feixes são dispostos muito distantes um do outro.

29 de outubro: "Os mesmos ventos e nenhum sinal de navios, o que me permite dormir mais tranquilo, sem me preocupar muito em ser abalroado."

Durante os três dias seguintes, velejei com ventos de popa, mas também peguei calmarias.

30 de outubro: "Comecei a beber água salgada, quase um litro." Um médico francês, doutor Alain Bombard, escreveu um artigo dizendo que isso era possível. Como parte de suas experiências, ele ficou à deriva pelo oceano Atlântico em uma pequena barca, dependendo, para sua sobrevivência, de uma determinada porcentagem de água do mar. Eu também quis experimentar, para o caso de necessidade, mas tomei o cuidado de lavar a boca com um pouco de água doce após cada ingestão, para não ficar com sede.

2 de novembro: "Nada de vento." Esse foi o 11º dia desde que saí da ilha de Thursday. Em vez de estar chegando a Darwin, conforme esperava, eu tinha apenas passado da metade. Estava no meio de lugar nenhum e quase imóvel. Isso mostrou que eu não podia prever datas de chegada.

3 de novembro: "Estou me acostumando a beber água salgada. Hoje bebi um litro." O mar continuava calmo.

4 de novembro: "Alguns ventos favoráveis, fiz algum progresso. Um avião da marinha nos sobrevoou, mas ninguém ouviu meus gritos pedindo um cigarro. Mais de um litro, hoje."

5 de novembro: "Esse maldito vento está me irritando."

6 de novembro: "Com a ajuda do motor de popa, entrei nos rasos do golfo de Van Diemen. A água, de repente, tornou-se verde-clara, no lugar do azul de sempre. Eu estava muito próximo da terra. Parei de beber água do mar." A partir daí, fiquei sabendo que é possível beber água salgada e não senti efeitos colaterais, mas também foi só por uma semana.

7 de novembro: "Vinte milhas mais próximo de Darwin, não estou indo muito rápido, mas pelo menos estou avançando."

No dia 8 de novembro, o 17º dia depois de deixar a ilha de Thursday, eu finalmente estava perto de Darwin. Não consegui avançar mais devido a uma forte maré vazante e ancorei próximo a uma ilhota para passar a noite. Pela manhã, segui de motor o restante do percurso, rio acima, até uma marina logo além da cidade. Feliz, ancorei o *Acrohc* entre outros barcos e desci à terra. Perguntei onde poderia encontrar cigarros e uma cerveja gelada e, depois de uma curta caminhada, eu me encontrei na cidade.

Duas horas mais tarde, voltei a um *Acrohc* fora da água, em cima de um deserto de lodo; a maré ataca outra vez! O *Acrohc*, porém, já estava acostumado a ficar encalhado, e, de qualquer maneira, nada conseguiria me irritar naquele dia; eu estava na maior alegria.

Tinha ficado 18 dias sozinho no mar e me sentia capaz de ficar muito mais tempo. Eu me acostumei a me fazer companhia logo depois de sair da ilha de Thursday. Agora eu já sabia o que era estar só — embora não me aborrecesse ter alguém para conversar, principalmente se fosse "uma" alguém. Essa tinha sido minha maior preocupação desde que iniciei a viagem. Eu poderia fazer modificações no barco se e quando fosse necessário, mas, se eu não conseguisse me dar bem com a solidão, não teria outra saída a não ser desistir, e foi um alívio saber que eu estava à altura da tarefa.

Enquanto eu estava em Darwin, meu objetivo principal era tirar o *Acrohc* da água por algumas semanas, para limpar bem o casco e preparar a embarcação para a próxima grande etapa: as ilhas Cocos. A marina não tinha espaço disponível para a reparação de barcos a seco, e, mesmo quando eu garanti ao encarregado que o *Acrohc* era um barco pequeno, ele não se tocou. "Isso é o que todos dizem." Contudo, consegui convencê-lo de que o *Acrohc* tinha só 3,6 metros, e ele arranjou um local para mim. Nós guinchamos o barco para fora da água e o travamos em terra firme.

Já estávamos próximos do Natal e, portanto, da estação dos ciclones. Eu não estava nada animado em permanecer em Darwin àquela época do ano. Apenas dez anos antes, em 1974, a cidade havia sido totalmente destruída pelo ciclone Tracy. Portanto, no que me dizia respeito, quanto mais cedo eu pudesse estar de volta ao mar, melhor.

Muitos acreditam que, durante um ciclone, um barco está em mais segurança no mar aberto. Outros dizem que é mais seguro estar próximo à costa, porque a tripulação pode sempre se abrigar em terra firme se a situação ficar muito perigosa. Entretanto, isso também quer dizer que, muitas vezes, o barco pode ser perdido.

Eu acredito que, no mar, considerando que o barco seja forte, é tudo uma questão de saber administrar o mau tempo. Talvez tudo dependa do quanto o indivíduo acredita em seu barco, ou talvez seja simplesmente uma questão de saber se é possível arcar com a perda dele. Para muitos, como eu, o barco é tudo o que temos.

Não demorei a começar os reparos no *Acrohc*. Reforcei tudo o que pudesse quebrar, acrescentei alguns estais novos, para o caso de eu encontrar um ciclone, e instalei uma nova tomada de ar "dorado", para melhorar a ventilação, caso eu tivesse que ficar fechado na cabine por longos períodos.

Depois de uma semana de trabalho, voltei a Brisbane, principalmente para ver minha família pela última vez antes de deixar a Austrália, mas também para procurar um patrocinador para a viagem. Muito otimista, comecei pedindo caronas para economizar dinheiro. Estávamos entrando na estação chuvosa, e pouquíssimos veículos estavam viajando. A rota era uma mistura de trechos desérticos e áreas inundadas, e encarei filas de motoristas mortos de cansaço ou simplesmente bêbados, comecei a pensar se eu chegaria a Brisbane vivo. Três dias de espera por esse tipo de carona, em lugares tórridos e desertos, foi o bastante para mim. Completei o percurso de ônibus. Também voltei a Darwin de ônibus... e sem patrocinador!

A sensação de culpa me invadiu quando vi o *Acrohc* novamente. Fora da água, ele parecia tão infeliz, como se quisesse me dizer que estava louco para voltar a navegar. As duas semanas em que ficamos separados me fizeram perceber o tamanho do afeto que eu tinha por ele. Ainda assim, gastei mais uma semana nos preparos para a próxima etapa. Uma das tarefas mais importantes era fazer as compras das provisões, calculando o quanto eu conseguiria armazenar a bordo, como elas se conservariam e o tempo que durariam.

Resolvi velejar para o cabo da Boa Esperança via ilhas Cocos, em vez de ir pelo mar Vermelho, famoso por suas más correntes e maus ventos; era também uma região de permanente desassossego político. Depois de me informar sobre os ventos e correntes do oceano Índico, optei por seguir via África do Sul.

Assim sendo, minha próxima parada estava a duas mil milhas de distância, contanto que eu conseguisse encontrar as ilhas Cocos no meio de um oceano tão vasto. Eu tinha acabado de comprar uns livros sobre navegação celestial e um novo sextante, mas, embora eu soubesse como operá-lo, nunca tinha usado um no mar. Também havia o risco de tempo ruim. Por exemplo, se eu perdesse o mastro em um ciclone, teria que derivar ao sabor das correntes todo o percurso até chegar à África.

Eu estava confiante de que meu barco nunca afundaria. O casco de chapa de aço-liga de três milímetros era suficientemente forte para sobreviver a um "encontro de terceiro grau" com um navio bem maior. Por ser tão pequeno, o *Acrohc* tinha processos e instrumentos que ofereciam pouca resistência, e tudo indica que, durante a passagem de um ciclone, ele seria mais facilmente empurrado para o lado do que esmagado. E, ainda que entrasse água nele, os seis compartimentos estanques o manteriam flutuando.

Calculei que, para enfrentar qualquer má sorte, eu precisaria de suprimentos para, pelo menos, um ano. Levei um bocado de conservas enlatadas e alimentos básicos como arroz, macarrão, queijo, farinha de trigo e leite em pó. Isso tudo mais os brotos de vegetais que eu iria cultivar para ter verdura fresca me deixariam com alimento o bastante para comer decentemente, de quatro a seis meses. Se até lá não houvesse sinal de terra, eu ainda poderia sobreviver de arroz, leite e brotos por mais seis meses.

Eu levava cem litros de água doce no tanque e mais cem litros em botijões de plástico que iam armazenados no compartimento da proa. Se eu não consumisse mais do que dois litros por dia, a água duraria três meses. Certamente, em três meses, alguma chuva cairia para repor meu suprimento, e, na pior das hipóteses, eu poderia pedir assistência a algum navio ou, ainda, beber um pouco de água salgada.

Eu também estava com bastantes suprimentos médicos, feitos segundo orientação de meu médico e de um químico. Estava preparado para o que desse e viesse, desde uma simples dor de cabeça até uma apendicite. Na verdade, eu levava anestesia local e os bisturis necessários para me operar. Até hoje não sei se teria coragem para fazê-lo. Levava também uma infinidade de remédios, que iam desde analgésicos até antibióticos, comprimidos para diarreia e pílulas contra malária, além de um reforçado suprimento de multivitaminas para complementar minha dieta.

Enquanto estive em Darwin, fui "adotado" por um casal, Daniel e Mary Anne, e seus filhos gêmeos. Tornei-me membro da família e passei muitos dias agradáveis com eles. No dia de Natal, eles fizeram uma comemoração marcante.

Daniel e Mary Anne me ajudaram muito no preparo do *Acrohc*. Porém, eles constantemente tentavam me convencer a permanecer em Darwin até o fim da temporada dos ciclones, cerca de quatro meses mais tarde. Eu sempre insistia em dizer que o *Acrohc* era forte o suficiente para resistir ao pior tempo. Eu o projetei para isso, e, de qualquer maneira, era pequena a possibilidade de enfrentar um ciclone realmente forte.

Capítulo 3

CICLONES

O *Acrohc* estava de volta à água com uma nova demão de tinta protetora e abarrotado de alimentos e água fresca. Procurei a capitania do porto de Darwin e disse:

— Desejo permissão para sair com meu iate.

— Quando?

— Amanhã, véspera de Ano Novo. É possível?

— Certamente. É este o tamanho do iate? — perguntou o capitão, apontando para os papéis.

— Sim, senhor.

— Doze pés? Isso está certo?

— Sim, está certo — respondi.

— Qual é seu próximo porto de destino? — ele perguntou. E me pegou.

— Em direção à África, provavelmente ilhas Cocos — respondi vagamente.

A alfândega nem cogitou ir a bordo para me liberar. Meu barco não tinha tamanho para contrabandear qualquer coisa grande.

No início da tarde da véspera de Ano Novo, o *Acrohc* estava ancorado no porto quente e com muito vento, ao lado do *Zitoon* e do *Wave Dancer*. Os dois barcos estavam lotados de gente para o bota-fora, inclusive Daniel, Mary Anne e os gêmeos. Todo mundo veio ver minha partida. Eu nem acreditava na quantidade de amigos que consegui fazer em uma estadia tão breve em Darwin. Não faltaram garrafas, e todos nós nos sentimos felizes. Bebeu-se muito ao êxito de minha viagem, ao *Acrohc*, ao novo ano, ao mar etc. Meu diário de bordo foi assinado por cada um dos presentes, com votos de bons ventos e viagem tranquila. Chegara a hora de partir. A previsão do tempo anunciava uma tempestade em alto-mar, mas eu não me importei. Tinha que ir me acostumando com elas.

As amarras foram soltas, e o *Acrohc* saiu. Fomos acompanhados brevemente por outros dois iates, enquanto todos acenavam, e depois os barcos viraram, velejando de volta para o ancoradouro para continuar a celebração.

Entardecia, e, quando alcancei o mar aberto, já estava ficando escuro. A todo o meu redor, relâmpagos distantes iluminavam grandes nuvens negras de tempestade. O vento aumentou, levantando ondas que deixaram o *Acrohc* desconfortavelmente agitado. Foi aí que a tempestade anunciada pela previsão desabou, e o *Acrohc* começou a lutar. Eu não esperava que a tempestade levasse muito tempo, como é comum naquelas águas, mas aquela durou praticamente a noite toda.

Depois de passar um mês em terra, o enjoo vinha fácil. Os drinks da celebração pesaram, e eu fiquei realmente enjoado — enjoado demais. Para aumentar o desconforto, os cobertores, sobre os quais eu estava sentado, ficaram encharcados com meu suor — estava uma sauna dentro da cabine, que era muito apertada. Sob a luz momentânea dos relâmpagos, eu consegui avistar um iate que se dirigia para o porto que eu havia deixado e me perguntei quem seriam os felizardos que, em pouco tempo, estariam desfrutando de um bom banho e um trago no iate clube. À minha proa, estavam duas mil milhas de mar; nada de chuveiros nem de cervejas geladas por muito tempo.

À meia-noite, escrevi no diário de bordo para o primeiro dia de 1985: "Feliz Ano Novo, sem comemoração por causa da tempestade, enjoado." Não que eu tenha ficado acordado para comemorar o Ano Novo, eu só estava ainda muito próximo à costa e precisava ficar atento em caso de mudança de vento. Mesmo assim, eu tinha que dormir um pouco e, depois da meia-noite, comecei a tirar sonecas de uma hora. Era superdesconfortável, o mesmo que tentar dormir em um carro aos solavancos, mas eu estava tão mareado que até consegui dormir bem. Quando acordei pela manhã, o temporal tinha desaparecido, e, com isso, eu me senti muito melhor. Na realidade, eu estava bem o bastante para abrir uma garrafa de champanhe por conta do ano-novo.

No terceiro dia após deixar Darwin, o tempo estava bom o suficiente para que eu começasse a experimentar o sextante, mas meus cálculos estavam muito fora da realidade. Eu fiz tudo de acordo com o manual, mas o resultado me dava uma posição seiscentas milhas ao Sul, comparado com o RDF. Algo estava errado. Desconfiei que meu relógio não tinha a precisão necessária para os cálculos, que têm que ser feitos com precisão de segundos. Procurei detectar a hora média de Greenwich (GMT) em meu rádio, mas não consegui sintonizar na frequência certa. Procurei, ainda, um ponto para pesca, mas também não tive sorte com isso.

À noite, outra tempestade desabou sobre nós, e partimos para um novo percurso de "solavancos como em um carro em uma estrada esburacada". Na realidade, o *Acrohc* era pior do que um carro em uma estrada ruim; ele não apenas andava para a frente, para trás e para os lados, mas também balançava para cima e para baixo.

O lançamento do quarto dia, no meu diário de bordo, dizia: "Boa velejada, já estou melhor no manejo do sextante; finalmente consegui a GMT em transmissão de onda curta. Fui surpreendido, à noite, por uma tempestade violenta que durou três horas; as velas atingiam a água com frequência. E aqui vamos nós novamente." Essa havia sido a tempestade mais violenta até aquele momento. Em alto-mar, as ondas tinham força suficiente para derrubar o *Acrohc*. Pelo menos eu consegui vencer meu enjoo, e sem ele tudo ficou mais fácil.

Nos dias seguintes, estivemos com uma série de ventos favoráveis, entremeados com calmarias ocasionais.

8 de janeiro: "Avistei um barco de pesca." Era isso que eu estava esperando, uma oportunidade de usar o meu novo rádio VHF pela primeira vez. Eu queria pedir uma coordenada ao barco de pesca, para ver até que ponto as minhas leituras com o sextante eram precisas. Também, depois de oito dias em alto-mar, eu desejava trocar umas palavras com alguém. Entretanto, eles não responderam aos meus chamados... É possível que eles não estivessem com disposição para bater papo. Nessa noite, outra dessas tempestades curtas, mas irritantes, caiu sobre nós.

10 de janeiro: "Estou feliz. Minha posição pelo sextante confere com os sinais do RDF!" Eu ainda estava captando sinais claros do continente australiano.

11 de janeiro: "Um grande atum escapou. Já perdi três iscas."

13 de janeiro: "Ventos fortes à noite, perdi mais uma isca."

16 de janeiro: "Estou ficando com coceira na pele; apareceram erupções no peito e na barriga." Essa erupção, provavelmente causada pelo calor, iria durar até minha chegada às ilhas Cocos. Eu estava passando a maior parte do tempo na cabine, com a gaiuta fechada. Eu tinha que mantê-la fechada quando velejava na direção do vento porque, cada vez que o *Acrohc* furava uma onda, o borrifo penetrava na cabine.

17 de janeiro: "Perdi mais uma isca e ainda nada de peixe; problemas sérios de ferimentos pela água salgada somavam-se às erupções cutâneas." Apareceram pequenas bolhas na minha pele. Em cerca de um dia, elas arrebentaram, deixando pontos de carne viva que não cicatrizavam por causa da umidade. Primeiro, apareceram nas nádegas, nas costas e nos cotovelos, áreas que eu molhava com mais frequência, mas depois se espalharam por todo o corpo e agravaram o desconforto que eu já vinha sofrendo das outras erupções.

18 de janeiro: "Um bom dia, o temporal nos deu bons ventos por algum tempo." Nesse dia, avistei outro navio e, dessa vez, tive mais sorte: consegui fazer contato por rádio. O navio era o *La Pampa* e navegava em direção à Índia. Eles perguntaram sobre o tamanho de meu barco e sobre meu destino. Quando informei que estava indo para a África, com uma possível parada na ilha de Cocos, houve uma pausa e, então: "Antes você do que eu, companheiro!" A tripulação era australiana e ofereceu assistência, mas tudo que eu precisava era de uma coordenada exata. Fiquei contente ao constatar que a que eles me deram coincidia com os dados que obtive com meu sextante, divergindo apenas vinte milhas. Esse erro estava bom para um principiante, mas ainda deixava margem para melhoria. Com o tempo, passei a fazer leituras com precisão de cinco milhas, em geral.

Logo depois da conversa com o *La Pampa*, choveu, e eu consegui um tempo mais calmo. Quando a chuva começou, eu estava tão desesperado por um chuveiro para aliviar minha pele que tropecei no cordame da vela e acabei caindo na água. Consegui voltar à superfície rapidamente, mas dei de cara com a popa do *Acrohc*, já fora de alcance. Felizmente, eu sempre mantive um cabo longo a reboque quando saía para o convés ou dava um mergulho, justamente para esse fim — e como fiquei contente por fazê-lo!

Ventos favoráveis continuaram a soprar, com calmarias ocasionais. Sempre que o mar ficava calmo, eu costumava mergulhar ao lado do barco para me refrescar ou para raspar as cracas do casco, que se acumulavam apesar da tinta de proteção. Esse crescimento de cracas podia tirar muito de nossa velocidade, e elas tinham que ser raspadas pelo menos a cada duas semanas.

Os ferimentos continuavam, principalmente porque eu não tinha nada seco onde me apoiar. Eu podia secar qualquer coisa úmida estendendo-a durante o dia ao sol, mas, com o cair da noite, elas voltavam a ficar úmidas, pois estavam impregnadas de sal, que absorvia a umidade da cabine.

27 de janeiro: "Dor nas costas criando problema. Tenho feito ginástica dez minutos todos os dias, mas a umidade não está ajudando. Duas horas de chuva forte, mas não pude coletar água por causa da agressividade. Um 'navio-fantasma' passou a apenas quinhentos metros, mas não respondeu a meus chamados pelo rádio, teria sido bom se eu conseguisse bater um papo".

29 de janeiro: "Outra tempestade de trinta minutos." Essas tempestades tropicais, com ventos de até quarenta ou cinquenta nós, apareciam e desapareciam com a mesma facilidade. Elas não eram tão ruins durante o dia, quando eu podia ver as nuvens negras e me preparar para recebê-las, mas à noite eram um problema.

30 de janeiro: "Tempestade o dia inteiro." Avistei o "navio-fantasma" mais uma vez, e novamente não consegui contato pelo rádio. Ele vinha cortar minha rota, mas, de repente, rumou para o norte. Pude ver que era um barco japonês, de pesca de linhadas longas, e a tripulação estava atarefada dispondo as linhadas. O fato de ser um barco de pesca provavelmente explicava sua navegação em zigue-zague — só muito mais tarde é que fiquei sabendo que eles não estavam equipados com rádio VHF.

Depois, naquele mesmo dia, cruzei com outro navio, o *Stanlock*. Dessa vez, consegui deles uma coordenada da posição que quase empatou com a minha — apenas dez milhas de diferença! Eles também transmitiram uma mensagem à minha família, que, eu tinha certeza, já estaria começando a se preocupar com minhas andanças.

31 de janeiro: "As tempestades continuam." Comecei a me convencer de que deveria ter instalado mais respiradouros, mas eu não tinha previsto que estaria tão quente. Na verdade, aquela noite estava calma, mas tão quente que eu não resisti e dormi com a gaiuta aberta. O tempo estava ótimo, e eu dormi muito bem, a ponto de não perceber a tempestade que se aproximava. Quando me dei conta, já era tarde.

O *Acrohc* pegou a tempestade com toda a vela, o que resultou em uma derrubada — *knock down*, que é quando o mastro chega a bater no mar. Eu acordei com a chuva torrencial em cima de mim e entrando na cabine. A surpresa foi tanta que eu não sabia se baixava a gaiuta primeiro ou se reduzia a vela. Consegui fazer as duas coisas ao mesmo tempo, manobrando o guincho da vela-mestra com a mão esquerda e fechando a gaiuta com a direita. O mastro soltou da água, e o *Acrohc* se endireitou aos poucos.

Não foi um bom jeito de acordar. Entrou um bocado de água, ensopando a bagunça úmida que já existia do lado de dentro. Havia água chacoalhando ao redor da minha cama, e eu tive que torcer os cobertores do lado de fora, antes que pudesse tentar dormir de novo. Por sorte, o colchão de espuma, que também levou um banho, tinha uma capa de vinil.

1º de fevereiro: "Avistei outro navio que não quis falar comigo." Dois dias mais tarde, o *Acrohc* tinha atingido o ponto, na carta-piloto, que indicava bons e contínuos ventos de leste, o que me permitiu prever uma boa velocidade dali em diante. Eu estava a meio caminho das ilhas Cocos, apenas mil milhas pela frente. Para comemorar, abri uma garrafa de vinho que ganhei de presente em Darwin, especialmente para essa ocasião, e arrematei a refeição com um pouco de uísque — a garrafa já estava no fim quando desabou o temporal naquela noite. Não me lembro bem do que aconteceu, mas, no meu livro de bordo, está escrito: "Tempestade violenta, sem problemas."

Eu tinha chegado ao "ponto sem retorno", o ponto a partir do qual eu sabia que não seria tentado a desistir e que teria ventos favoráveis em diante.

A carta-piloto estava certa. Lentamente, os ventos contrários viraram, e, com bons ventos soprando de leste, eu esperava chegar a Cocos em cerca de duas semanas. As ondas deixaram de borrifar água sobre o barco, e eu consegui manter ou a gaiuta ou, pelo menos, um dos vigias da cabine aberto a maior parte do tempo. Meu ânimo melhorou, assim como minhas bolhas de água. Minha pele melhorou, no geral. Estávamos fazendo, em média, 75 milhas por dia.

5 de fevereiro: "37 dias no mar." Naquela manhã, eu tratei de dispor uma linhada com uma nova isca, depois de perder mais uma para um peixe que provavelmente era muito grande para ela. Tudo caminhava bem. O peixe-piloto ainda estava nos escoltando, o céu estava claro, e eu começava a apreciar as ondas razoáveis e bem-comportadas que se formavam. A boa coisa a respeito das ondas, à parte a suavidade das ondulações, é que elas se desenvolviam na mesma direção em que íamos e quase à mesma velocidade. Nós estávamos praticamente "montando nelas". O único movimento do *Acrohc* era um suave sobe-e-desce, com um leve aumento de velocidade cada vez que ele "corria" uma onda. Entre as ondas, ele voltava à velocidade normal de três nós.

Eu ficava relaxado só observando o peixe-piloto, de listras pretas e amarelas, avançando na água à nossa frente, mas estava de olho em algo maior que eu pudesse fisgar. Foi então que percebi uma sombra grande e escura nos acompanhando, logo abaixo da superfície. Era muito grande para minha linha, mas, com a curiosidade despertada, fiquei de pé sobre meu assento para observar melhor e vi que se tratava de um tubarão-martelo. Ele cruzava, indo para a frente e voltando para trás do barco, provavelmente querendo atacar o meu peixe-piloto. Decidi não dispor a minha linhada até que ele sumisse — não que eu não comesse carne de tubarão, mas um maior do que o meu barco era grande demais.

12 de fevereiro: "Tudo vai bem, os dias passam tranquilamente". Eu estava começando a captar sinais mais claros de rádio, das ilhas Cocos, e fiquei contente em saber que estava na rota certa. Na velocidade em que estava, tudo que eu tinha que fazer era velejar por mais cinco dias — apenas cinco dias para uma boa chuveirada e uma cerveja gelada! Aquela noite eu dormi bem.

Na manhã seguinte, descobri que a direção do vento tinha mudado alguns graus. Agora ele soprava do norte, e sua força, consideravelmente maior, fez com que eu tivesse que fechar a gaiuta de novo. Naquela tarde, com o vento soprando diretamente de oeste, eu observava as ondas pela vigia.

Pouco antes de escurecer, os cabos do mecanismo de autodirecionamento cederam, e eu tive que substituí-los, enquanto o *Acrohc* navegava por onde queria. Missão cumprida, dormi confiando que aquela tempestade passaria durante a noite, como tinham passado todas as outras. Como eu estava errado! Fui recebido pela manhã, depois de passar a noite sem descansar, por um mar branco, com borrifos voando da crista das ondas que rebentavam. Elas não eram muito altas, mesmo porque o vento forte as achatava, mas se moviam a uma velocidade incrível. Pela condição do mar, minha estimativa era que o vento soprava a mais de sessenta nós.

O vento produzia uma cacofonia de ruídos. Normalmente, um vento forte assobiava pelo cordame, mas aquele ultrapassou esse ponto: uivava ao passar por ele e pelas velas e zunia através das espias, como se estivesse ofendido por encontrar o *Acrohc* em seu caminho. O ruído das ondas golpeando e martelando contra o casco contribuía para aumentar o caos. Tudo isso junto era um verdadeiro inferno.

Eu discuti com o vento: "Não, isso não está certo. Você tem que soprar do outro lado, como mostra a carta-piloto." Mas as condições pioraram ao longo da noite e no dia seguinte. Eu não conseguia entender por que a tempestade estava durando tanto. Não tinha certeza, mas achei que poderia ser um ciclone.

Os três dias de tempestade contínua, classificada no meu livro de bordo como "muito violenta", foram o bastante para reduzir minha pele à pior condição até aquele momento. Tudo estava encharcado, inclusive eu, não só dos borrifos que entravam pela fresta da gaiuta, deixada para ventilação, mas também de meu suor e da condensação. A despeito da ventania lá fora, estava muito quente dentro da cabine.

A noite não era tão quente, mas, mesmo assim, eu não conseguia dormir por causa de todo o barulho. Naquela noite, ouvi alguém chamando meu nome. Será que estava ouvindo vozes ou haveria outro barco por perto? Olhei em toda a volta, mas, na escuridão, não consegui ver nada. Tentei dormir, mas continuava a ouvir vozes chamando. Eu sabia que era apenas uma alucinação, mas parecia tão real que eu não conseguia ignorar. Já tinha ouvido de outros iatistas que isso pode acontecer e é causado por cansaço extremo. Para uma mente cansada, rangidos podem facilmente ser confundidos com uma voz conhecida. Toda vez eu conferia, talvez houvesse alguém por ali. Isso aconteceu em muitas noites e até mesmo durante o dia.

As condições não haviam mudado na manhã de 16 de fevereiro, mas, de repente, o vento começou a enfraquecer. Às onze da manhã, mal se podia sentir uma brisa, e as ondas radicais também sumiram. Eu não sabia a que santo agradecer. Estava tudo tão calmo! O balanço suave do *Acrohc* mal me permitia acreditar que, pouco antes, tudo era um inferno. Voltei a raciocinar com clareza e, assim que pude, estendi todos os cobertores para secar. Então, preparei uma xícara de café e pude apreciá-la devidamente, sentado na gaiuta aberta. Para minha surpresa, o peixe-piloto ainda nos acompanhava.

Eu tinha esperança de que os ventos do leste voltariam nessa época do ano, assim como dizia a carta-piloto, mas meus cobertores ainda nem tinham secado quando, à tarde, os ventos de proa recomeçaram. Sem muita demora, eu me vi frente a frente com o que me pareceu o mesmo mar branco, as ondas se tornando mais rápidas e aquele barulho infernal. Eu esperava que fosse uma pancada passageira, mas ela durou a noite inteira e continuou pelo dia seguinte, sem o menor respeito. À medida que o tempo passava, eu tinha que admitir que essa também não era só uma pancada de água. Ela me impediu de usar o fogareiro de álcool mais uma vez, e eu tive que voltar a uma dieta de biscoitos, salada fria de feijões cozidos e nada de café.

O dia seguinte continuou infernal. Eu já contabilizava seis dias de miséria, com um intervalo de apenas duas horas. Se não estivesse tão perto das ilhas Cocos, eu teria literalmente embarcado no vento, em direção às ilhas Maurício, distantes 2.500 milhas. Eu tive que combater esse impulso o tempo todo, pois estava fazendo apenas dez milhas por dia e não tinha ideia de quanto tempo esses ventos durariam.

Pouco antes de cair a noite no dia seguinte, 19 de fevereiro (o 51º dia dessa etapa), o tempo acalmou. Abri a gaiuta assim que as ondas diminuíram um pouco e, olhando para Sudeste, vi uma estranha formação circular de nuvens; o centro da depressão que eu achei que deveria ser o "olho" de um ciclone. Tirei uma posição com o sextante à tarde e me localizei a apenas 140 milhas de Cocos.

Os ventos logo começaram a soprar, ficando piores à medida que os dias passavam, e eu não conseguia ver nenhuma lógica no desenrolar daquele tempo. Eu deveria ter concluído que a formação era ciclônica, mas haviam me dito que, quando um ciclone passa sobre nossa cabeça, o vento muda de direção. Como esse vento soprava quase sempre de oeste, não acreditei na existência de um ciclone.

Era difícil fazer qualquer coisa. Mesmo abrir uma lata de conserva era um problema, porque, para isso, é preciso usar as duas mãos e eu tinha uma delas sempre ocupada, só para me segurar. Embrulhei todos os potes de vidro para evitar que eles quebrassem, e isso valeu a pena. Mas uma garrafa plástica de dois litros, cheia de vinagre, não resistiu à agitação permanente e estourou. Todas as latas de conserva ficaram esborrifadas com vinagre e começaram a corroer. O armário de alimentos virou uma confusão total.

O vento continuou soprando dia e noite, com as ondas chocando-se com o *Acrohc* como se fossem caminhões desgovernados. Para poder dormir, puxei para cima de mim a mesa de mapas, procurando reduzir o espaço na cabine, de modo que eu não pudesse ser jogado para cá e para lá. Consegui dar algumas cochiladas, aprendendo a dormir ao mesmo tempo que me agarrava a qualquer parte do barco. Era preciso, no entanto, mudar de posição constantemente, por causa das dolorosas bolhas estouradas. A única parte do corpo sem ferimentos era o peito, mas mesmo ele estava coberto com as erupções horríveis, que coçavam e me irritavam, piorando nos dias quentes.

Algumas vezes, só para me refrescar do calor, eu saía da cabine e me encolhia no convés, agarrando-me ao mastro. O borrifo das ondas me refrescava um pouco, mas eu não conseguia permanecer lá por longos períodos. Em condições normais, era razoavelmente seguro permanecer no tombadilho, porque sempre havia algo em que se segurar, mas, com esse tempo, pendurar-se em alguma coisa era muito difícil e tudo que eu conseguia era ficar uns dez minutos de cada vez. Embora eu fechasse a gaiuta o mais rápido possível, ao entrar ou sair da cabine, sempre acabava entrando um pouco de água.

O alívio que eu sentia com meus passeios ao tombadilho era apenas temporário. Poucos minutos depois que eu entrava, já não podia ficar sentado ou deitado. Às vezes, eu me ajoelhava ou ficava agachado, mas também era desconfortável, porque eu tinha que me agarrar nas duas laterais da cabine e isso me cansava. Eu me revirava o tempo todo, procurando uma posição melhor. Se pelo menos houvesse algo seco onde eu pudesse me sentar. Eu também não podia lançar notas longas no meu diário de bordo, mas consegui rabiscar um bocado de insultos, dirigidos especialmente aos deuses do mar.

Levando em conta tudo isso, até que meu ânimo se manteve elevado, mas eu estava começando a ficar deprimido e frustrado por não poder fazer nada para melhorar minha situação. Era dia 25 de fevereiro, já fazia 57 dias que eu partira de Darwin e 12 dias que o inferno viera à Terra. Eu estava perto de Cocos e fiquei de olho para ver se enxergava a terra. Cada vez que eu via uma forma escura no horizonte minha esperança aumentava, mas, no fim, era sempre e apenas outra nuvem (uma nuvem baixa pode ser idêntica a uma ilha a distância).

Comecei a imaginar se Cocos estava de fato onde eu acreditava que devia estar. Será que meus cálculos estavam errados? Por eles, eu deveria estar a não mais de dez milhas das ilhas, e já daria para enxergá-las. Pensei no quanto eu ainda seria capaz de suportar, antes que desse um estalo e eu ficasse completamente biruta.

Na manhã seguinte, o vento amainou outra vez, e, assim que ficou calmo o bastante, pus para secar algumas coisas antes que ele voltasse com força. Também nadei um pouco e imaginei se aquele tempo maluco já tinha acabado comigo.

Quando subi a bordo, conferi o horizonte de novo à procura de terra e vi outra sombra escura. Para ter a melhor visão, subi no gurupés. Essa nuvem era diferente, promissora. Parecia mais escura, e suas linhas eram mais definidas, mas eu ainda não tinha certeza. Continuei em minha faina de secar roupas e cobertores, mas mantive um olho na "nuvem". Depois do café da manhã, ela ainda estava lá, e eu subi novamente no gurupés. Dessa vez, pude ver que, de fato, não era uma nuvem: era terra, eram as ilhas Cocos!

Não posso descrever o quanto me senti entusiasmado à medida que comecei distinguir a copa dos coqueiros, as ondas quebrando nas praias, a areia e, a seguir, a vegetação verde. Mal podia acreditar que aquilo fosse real. Fiquei tão feliz que comecei a dar pulos em meu assento e, se o convés fosse maior, eu teria até dançado!

Passaram-se 58 dias desde a saída de Darwin. Eu estava desesperado por uma cerveja gelada e um chuveiro. Queria também lavar todas as roupas, cobertores e travesseiros, todos endurecidos de tanto sal. Eu estava com desejo de vegetais frescos e mal podia esperar para comer um pé de alface inteiro. Cheguei à estranha conclusão de que eu sentia mais falta das coisas materiais do que da companhia humana; não pude compreender. Pensar que, depois de 58 dias ouvindo apenas vozes imaginárias, eu quisesse parar apenas para beber uma cerveja e devorar um pé de alface, apesar de, com certeza, haver mulheres lindas na ilha. Essa atitude peculiar deve ter surgido por eu ter me condicionado inconscientemente a estar só. Isso estava indo longe demais. Graças à alface, eu caí fora dessa situação rapidamente.

Liguei meu motor de popa e dirigi-me às ilhas, fazendo contato com as autoridades pelo VHF. Eles responderam que viriam vistoriar-me para a liberação pela manhã e me instruíram a ancorar durante a noite ao norte do grupo de ilhas, no abrigo da ilha Direction. Eu lhes informei que o *Acrohc* era um iate de 12 pés, mas eles foram incapazes de assimilar a ideia e continuaram a se referir a ele como tendo 12 metros.

Depois de escurecer, ancorei onde me instruíram. Tudo estava tranquilo, e a água estava clara. Quando lancei âncora, uma imensa raia-jamanta deslizou e circulou o *Acrohc*. É possível que ela tenha sido atraída pela luz de navegação, mas eu sei que ela chegou para dar as boas-vindas.

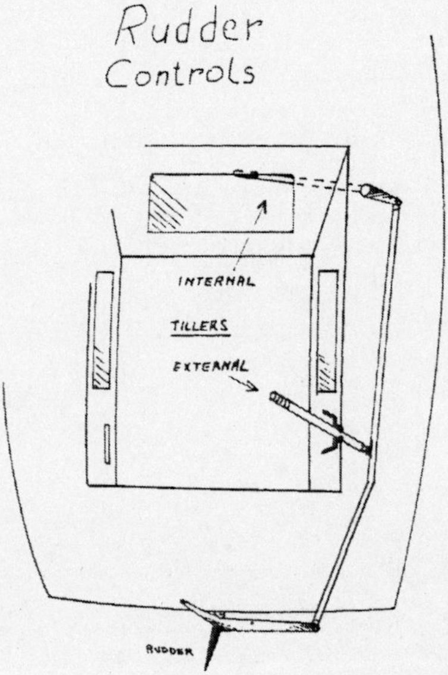
Rudder
Controls
INTERNAL
TILLERS
EXTERNAL
RUDDER

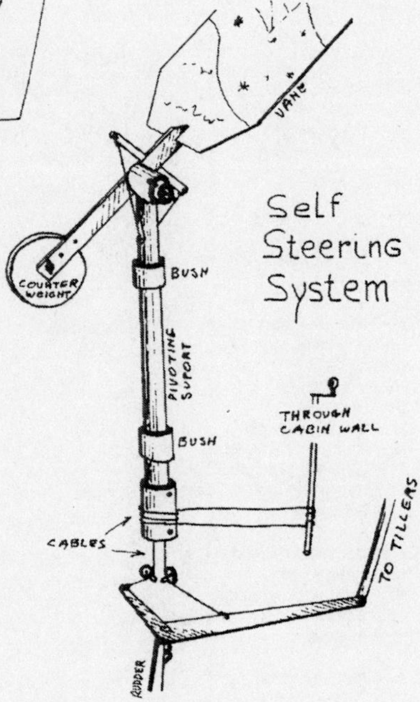
VANE
Self
Steering
System
COUNTER WEIGHT
BUSH
PIVOTING SUPORT
THROUGH CABIN WALL
BUSH
CABLES
TO TILLERS
RUDDER

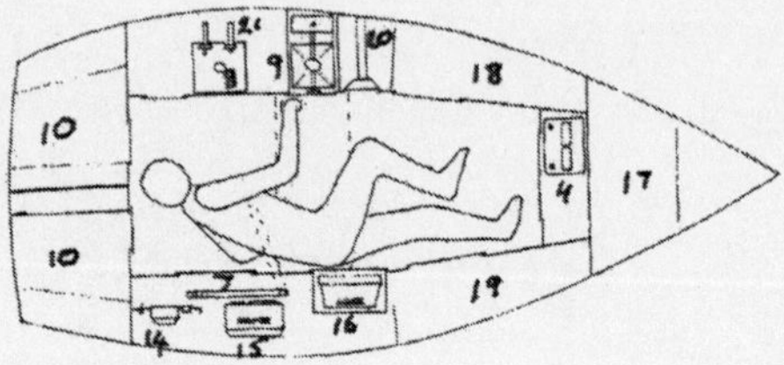

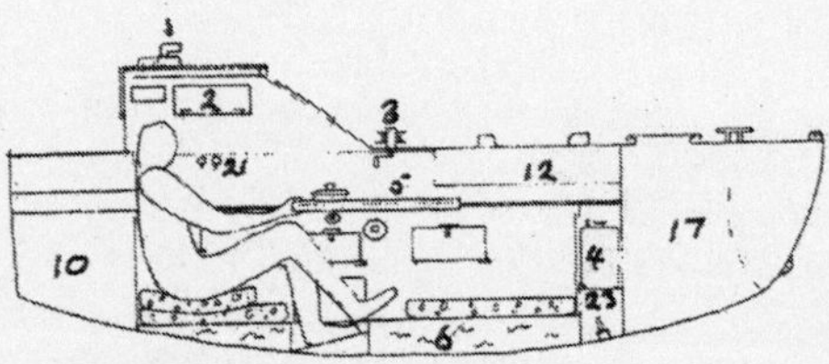

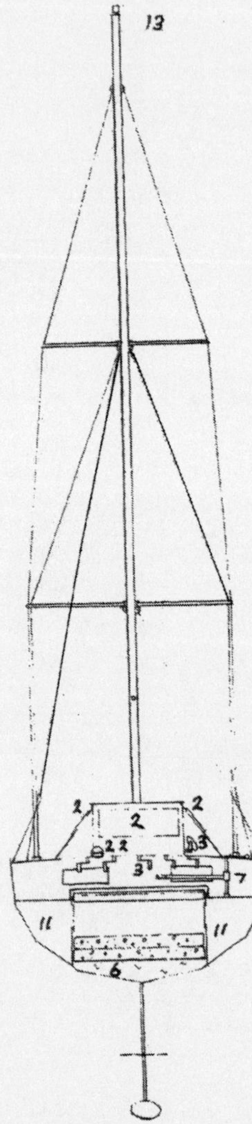

1 — Tomada de ar "dorado"
2 — Vigia
3 — Manivelas com roldanas
4 — Bateria
5 — Mesa de cartas (mapas)
6 — Tanque de água potável
7 — Cana do leme (interna)
8 — Pia
9 — Fogareiro
10 — Dispensa
11 — Compartimentos
12 — Armário de roupas
13 — Luzes de navegação
14 — Painel, tacômetro, voltímetro
15 — Ecobatímetro
16 — Satnav
17 — Compartimento de proa
18 — Armário de ferramentas
19 — Armário de remédios
20 — Bomba de água sanitária
21 — Bombas de água potável
22 — Bússola
23 — Roda do tacômetro
24 — Bolina e lastro

Capítulo 4

DE ILHA EM ILHA

Pela manhã, ainda ancorado ao largo da ilha Direction, fui acordado pelo ruído de uma lancha a motor. Ela estava dando voltas, como se os tripulantes estivessem procurando alguma coisa. Quando eles finalmente se aproximaram, gritaram: "Nós não estávamos atrás de nada tão pequeno. Eles nos disseram que era um iate de 12 metros."

O fiscal da quarentena se recusou a vir a bordo do *Acrohc*. Com uma expressão estranha no rosto, ele estava na popa da lancha, segurando sua pasta, pronto para pular no recém-chegado iate, como sempre fazia. Mas, dessa vez, ele não sabia onde pular e decidiu que eu deveria encontrá-lo no cais, distante poucas milhas, do outro lado da lagoa, na ilha West.

Completada a parte burocrática, ele se ofereceu para me mostrar os arredores. Enquanto nos dirigíamos através da selva de coqueiros até a Vila dos Australianos, com cerca de 250 habitantes, no centro da ilha, ele não parou de me fazer perguntas. Estava intrigado e queria saber como o *Acrohc* conseguiu vencer a travessia desde Darwin.

— Como foi que você conseguiu se virar com os ciclones? — ele me perguntou.

— Ciclones? Eu achei o vento um bocado forte — respondi.

— Foram quatro, ao todo. Eles vieram direto para cima dessas ilhas, na direção leste. Dê uma olhada nas árvores quebradas — ele falou, à medida que passávamos pelos restos de algumas das árvores mais altas da ilha, que foram apanhadas pelos ventos.

Eu e o *Acrohc* sobrevivemos ao pior tempo que imaginei que pudéssemos encontrar. Os ciclones tinham passado exatamente por cima de nós.

O projeto do *Acrohc* tinha sido posto à prova, e ele saiu-se bem com louvor! Nada tinha quebrado, a não ser os cabos da palheta do dispositivo de direção automática. Nem chegamos a perder o mastro, o mínimo que eu esperava que acontecesse caso encontrássemos um ciclone. Eu havia me queixado de o calado ser muito profundo cada vez que encalhamos nas costas de Queensland, mas, graças a ele, não emborcamos uma só vez. Considerando que se trata de um iate de apenas 12 pés, ele não podia ter feito nada melhor. Eu estava orgulhoso do meu barquinho... Ele era um iate de verdade! O piloto dele podia ser um pouco biruta, mas fizemos tudo direito.

Em alta temporada, costuma haver muitos iates ancorados nas ilhas Cocos, que pertencem à Austrália, mas eu era o único por lá naquela época e, provavelmente por isso, recebi um tratamento tão bom dos locais. Eles até me deixaram ancorar junto ao cais na ilha West, quando o normal é os iates que lá aportam ancorem ao largo da ilha Direction. A ilha West é uma das principais do pequeno arquipélago Cocos. As ilhas ficam ao redor de uma lagoa e cobrem uma área de cerca de dez quilômetros quadrados.

Todos os que vinham dar uma olhada no *Acrohc* acabavam dizendo a mesma coisa: “Velejando em um barco desse tamanho e fora da estação, você tem que ser maluco!” Contudo, todos eles eram amistosos e colocaram suas instalações a minha disposição. O que mais gostei foram as máquinas de lavar, que me permitiram lavar o sal de minhas roupas e cobertores pela primeira vez em oito semanas. A irritação da pele, que me dava tanta coceira, começou a desaparecer, e as 340 bolhas estouradas, que consegui contar antes de chegar às ilhas, foram cicatrizando.

Dediquei minha estadia de três semanas nas ilhas a bater papo, beber e reaprender a andar. Eu estava meio cambaleante quando dei os primeiros passos em terra, além de incapacitado de andar por longas distâncias, porque, depois de tanto tempo no mar, eu tinha que treinar novamente os músculos das pernas.

Em um dos dias de minha estadia, visitei a ilha Home, do outro lado da lagoa. A população era composta por trezentas pessoas, todas de descendência malaia. Seus antepassados foram trazidos às ilhas para trabalhar na plantação de coqueiros. Eles conservaram muitos costumes e sua língua, mas estavam perdendo a arte de construir seus belos barcos à vela, ou *jukong*. Cheguei a ver muitos desses barcos de madeira na praia da ilha Home, todos meticulosamente preservados, mas nunca vi sequer um na água; barcos metálicos estavam os substituindo.

Os habitantes da Home vivem em uma comunidade muito fechada — apenas alguns deles trabalham na ilha West, para o governo australiano, mas dificilmente algum já saiu do arquipélago. Fui convidado a visitar a escola primária e conversar com as crianças, que não conseguiam parar de fazer perguntas sobre minha viagem e o mundo lá fora. Fiz o melhor que pude para satisfazer a curiosidade delas. Na verdade, passei um dia agradável com elas e aprendi muito a respeito de seu modo de viver. Continuei mantendo contato e, em uma de suas cartas, encontrei um pequeno poema de que sempre me lembrarei:

As aves voam alto
E são difíceis de pegar.
Marinheiros como você
São difíceis de esquecer.

O correio custava a chegar às ilhas Cocos, pois só havia um voo por semana. Escrevi uma carta para casa quando estive lá e recebi a resposta três semanas mais tarde, com boas notícias: uma revista australiana estava interessada na história de minha viagem, e comecei a escrever periodicamente para eles. O dinheiro extra chegaria em boa hora e aliviaria o peso sobre meu irmão Henry, que tinha prometido manter-me "flutuando" se minhas economias não durassem toda a circum-navegação. Ele e minha cunhada Francesca também cuidaram da papelada, o que incluía remeter histórias e fotos a várias revistas. A viagem teria sido muito mais dura sem esse reforço.

Nunca me preocupei muito com dinheiro para a viagem, porque sabia que minha família não ia me deixar na mão caso eu chegasse a zerar minhas reservas. Eu poderia ter conseguido trabalho pelo caminho, uma vez que tinha experiência não apenas em estaleiros, mas também em outros ofícios. O que eu tinha medo era de ter de parar para trabalhar, alongar muito minha viagem e ficar tentado a desistir.

Descansar nas ilhas era ótimo, mas minha pele já estava quase refeita e os ventos estavam bons; era hora de seguir em frente.

Durante minha última semana nas ilhas, um ciclone atípico se aproximou da área, mas acabou passando mais ao sul e apenas tangenciou o arquipélago. Os ventos fortes sacudiram violentamente o *Acrohc* no ancoradouro, entretanto, quando levantei âncora, no dia 14 de março, o vento estava bem suave e de leste. Prometi-me uma viagem de turismo até as ilhas Maurício, mas é lógico que, com 2.400 milhas pela frente, tudo podia acontecer.

Eu ainda estava me recuperando da reunião de despedida, e meus pés estavam doídos e esfolados, mas a navegação estava ótima e eu, contente de estar a caminho novamente. Nos primeiros quatro dias, consegui fazer apenas 45 milhas diárias e, por isso, tive um muito tempo disponível. Tentei pescar e quase peguei um dourado, mas o anzol não aguentou. Também avistei um navio, que acabou sendo o único que eu veria nessa etapa da viagem.

O registro do quinto dia no livro de bordo diz: "Ventos aumentando constantemente, não dormi, muito agitado." O *Acrohc* sempre oscilava muito com ventos fortes, e eu era jogado de um lado para o outro na cabine, o que tornava difícil conciliar o sono.

Sexto dia: "Os mesmos ventos fortes, dia ensolarado, sem dormir."

Oitavo dia: "Os ventos abrandaram um pouco pela manhã, o cabo do cata-vento do piloto automático rompeu-se novamente, consertei, e os ventos voltaram fortes antes do entardecer."

No nono dia, 22 de março, o mau tempo continuou, e eu senti o primeiro efeito das noites não dormidas. Comecei a ouvir galos e galinhas, além dos ruídos habituais de cachorros e crianças. Precisava desesperadamente dormir um pouco. Meu consolo é que estávamos velejando rápido, cobrindo mais de cem milhas por dia. Nessa noite, a ventania rompeu novamente o cabo do cata-vento.

Décimo dia: "Um pouco mais calmo, troquei o cabo de arame de aço por um de náilon trançado, tomei uma coordenada da posição." Nos últimos seis dias, fora impossível utilizar o sextante. Às vezes, eu conseguia fazer uma leitura dele a despeito do mau tempo, desde que não houvesse ondas grandes ou mar agitado. Pequeno como era, o *Acrohc* estava mais baixo na água do que a maioria dos barcos, e o arco do horizonte estava mais próximo de mim do que estaria para um barco maior. Da mesma forma, a linha do horizonte era facilmente distorcida pela agitação das ondas, dando falsas leituras.

Décimo primeiro dia: "Ventos fortes deram boa navegação."

Décimo segundo dia: "Latas enferrujadas pelo vinagre da garrafa arrebentada. Perdi minha tigela do café matinal quando a lavava à borda do barco."

Décimo terceiro dia: "Os ventos fortes persistem, o que torna o sono difícil e desconfortável."

Na 14ª noite, o cheiro de peixe estragado me acordou. Com uma lanterna, fiz uma varredura do convés, procurando a origem do fedor. Peixes-voadores, ao fugir dos predadores, muitas vezes encontram a morte no convés. Geralmente, eu tinha que tirar vários do convés, todas as manhãs. Dessa vez, entretanto, o cheiro estava tão forte que não deu para esperar o amanhecer.

De volta à cabine, missão cumprida, mas o mau cheiro persistia. Continuei à procura e finalmente encontrei um, entalado dentro do furo do respiradouro. A agitação constante do barco tornou difícil a operação, mas, depois de vários malabarismos, consegui extraí-lo com o auxílio de um pedaço de arame amassado feito um gancho.

Eu costumava gastar horas e horas observando os peixes-voadores. Em tempo calmo, eles são presa fácil, mas, em condições apropriadas, levantam voo, na esperança de confundir seus predadores. Eles sempre emergem contra o vento, porque precisam desse vento de proa para "decolar". Eles agitam a cauda quando ainda estão na água, aumentando a velocidade o suficiente para obter sustentação. Uma vez no ar, eles giram de lado e planam por duzentos metros ou mais antes de voltar para a água. Naturalmente, há sempre o perigo de uma ave marinha estar à espreita quando eles estiverem no ar. A perspectiva de um peixe-voador não é muito feliz.

Décimo quinto dia: "Boa caminhada, meio caminho para Maurício! Um fantástico pôr do sol púrpura. Mar agitado durante o dia e tempestuoso à noite."

Décimo sétimo dia: "Perdi uma almofada quando tentava secá-la sobre o cordame, já a perdi de vista."

Décimo oitavo dia: "Domingo, boa posição; cerca de 850 milhas de Maurício."

Décimo nono dia: "Boa velejada, ventos moderados, sinal fraco de rádio vindo de Maurício. Bolhas começam a estourar novamente."

Vigésimo primeiro dia: "Vamos depressa. Normalmente é difícil de dormir, difícil de cozinhar, mas deu para coar um café."

Vigésimo terceiro dia: "Feliz aniversário, mãezinha." Usei datas como as de aniversário para quebrar a monotonia dos dias. Minha boa e velha mamãe. Imaginei o que ela estaria aprontando. Eu a vi fazendo jardinagem e cuidando de seu canteiro de morangos. Eu sabia que ela devia estar doente de medo, talvez já perdendo a esperança de que eu voltasse com vida. Sentia-me culpado de fazê-la passar por toda essa preocupação, mas não havia nada que eu pudesse fazer. Ela estaria totalmente satisfeita se eu tivesse conseguido um emprego estável, se talvez já tivesse casado e comprado uma casa e, acima de tudo, se me mantivesse afastado do mar. Mas, por mais que eu me sinta culpado, acho que nunca serei capaz de me assentar em um lugar.

Vigésimo quarto dia: "Sexta-Feira Santa, tirei uma visada de posição — as coordenadas são 21°33' Sul, 65°38' Oeste —, então o vento recomeçou forte, levantando as ondas de três a quatro metros, à tarde. Passei a ilha Rodrigues." Eu até gostaria de ter aportado na ilha para um descanso, mas haviam me dito que a entrada para o ancoradouro era muito rasa e, como eu não queria encalhar por lá durante a noite, mantive-me a umas boas cem milhas de distância.

Vigésimo quinto dia: "O tempo não mudou. Finalmente consegui um bom sinal de rádio. Noite violenta."

Vigésimo sétimo dia: "O tempo se repete, mais um temporal pela manhã, não consegui uma coordenada. Levamos uma lavada no convés. Começo a ficar chateado." Tive que ficar dentro da cabine quase o tempo todo. Queria saber a que distância eu estava de Maurício. O tempo virado me impedia de fazer leituras com o sextante, e o RDF apenas me indicava a direção.

Vigésimo oitavo dia: "Mesmo tempo, não posso estar muito longe."

Vigésimo nono dia: "Terra à vista às 15h22! Posição próxima do calculado pelo sextante, à tarde: latitude o.k., longitude fora cinco milhas. O tempo também ficou bom."

Cheguei pelo lado sul das ilhas Maurício, depois de escurecer. Meu destino era Porto Luís, no lado oeste, mas, como já estava escuro, decidi dirigir-me para longe da costa para passar a noite e, assim, dormir um pouco, pois estava precisando muito. Na manhã seguinte, descobri que eu estava mais para o Sul e perdi mais um dia inteiro para voltar à ilha.

À medida que eu velejava ao longo do litoral, admirando os muitos hotéis cujos hóspedes se divertiam na praia, não pude deixar de me perguntar por que eu estava me submetendo a uma prova tão dura. Oito semanas desastrosas até Cocos, seguidas de mais quatro semanas, igualmente péssimas, para chegar até Maurício. Será que eu precisava mesmo de todas aquelas noites sem dormir, daqueles dias sem uma refeição decente e daqueles constantes balanços e batidas? A solidão em si não era um problema, mas a monotonia dos dias era. Apesar de tudo, eu não tinha arrependimentos nem dúvidas sobre seguir ou não em frente; eu queria bater esse recorde. Imagine você que o recorde existente para a circum-navegação era de um barco de 18 pés e quatro polegadas e, para quebrá-lo, bastaria que meu barco tivesse duas polegadas a menos — por que, meu Deus, eu construí um seis pés menor?

Alguns anos atrás, eu havia construído uma chalupa de 33 pés para dar a volta ao mundo. Ela teria sido ideal para esse fim, mas, seis meses depois do lançamento, concluí que, se eu não parasse no meio do caminho para trabalhar por um tempo, não teria condições de adquirir todo o equipamento necessário para a viagem e assumir o custo envolvido; e isso não era mesmo a minha ideia de cruzeiro. Ela balançou meus sonhos, mas tive que vendê-la.

Usei o dinheiro da venda para iniciar um negócio em um estaleiro junto com o Henry, esperando que disso um dia proviesse o dinheiro para realizar meu sonho. O negócio começou devagar, mas, depois de um ano, já ia bem e estávamos com uma boa reputação. Só que, àquela altura, meu sonho do cruzeiro parecia cada vez mais longe de se realizar, e eu comecei a ficar inquieto. Parecia que eu só ia conseguir sair dali depois de uns dez anos, e, assim, a ideia de construir e equipar um barco de 12 pés tornou-se cada vez mais atraente.

Um dia, eu estava olhando para minha "catraia" de 12 pés e comecei a pensar que, se eu estava querendo mesmo partir para um cruzeiro, por que eu precisaria de um barco grande, se eu podia equipar um barco de 12 pés com tudo aquilo que me fosse necessário? A ideia tornou-se ainda mais atraente quando concluí que meu capital dava para equipar o barco e ainda me sobraria uma reserva para a viagem. Foi assim que construí meu barquinho nas horas vagas. Quando eu já estava pronto para sair, meu outro irmão, John, assumiu meu lugar no estaleiro, deixando-me livre.

Gastei o dia todo navegando a motor, de volta à ilha, e cheguei junto ao porto quase à meia-noite. Era difícil distinguir as luzes do porto, porque elas se misturavam com as luzes da cidade ao fundo. Senti um raspão e, só para me manter fiel aos bons hábitos, verifiquei que estava encalhado. Lancei a âncora, coloquei o lampião de querosene no convés e fui dormir, convencido de que seria inútil tentar qualquer saída. Depois de um mês no mar, uma noite a mais não faria nenhuma diferença.

Quando o dia raiou, descobri que nós estávamos exatamente no canal, bem rente à borda, mas eu me safei com facilidade do coral e fui a motor até o porto, amarrando o barco junto a outros iates no cais da alfândega.

Para mim, essa terra era estranha. Não sabia nada a seu respeito, a não ser que havia sido um domínio francês, mas alguns dos pescadores que encontrei a caminho do porto não entendiam francês e muito menos inglês. A maior parte da população era descendente de indianos, mas havia também muitos africanos e chineses.

Descobri que as línguas oficiais eram o inglês e o francês. O hindu também era muito falado, mas o idioma mais comum era o "crioulo", ou seja, um dialeto que me pareceu ser uma mistura de francês arcaico, inglês e português — a influência portuguesa foi devido a alguns piratas que por lá passaram em 1700. Como sou nascido na França e falo francês, comecei a compreender o crioulo razoavelmente bem depois de poucos dias. O duro foi tentar falar o crioulo, mas foi uma boa maneira de me misturar com os habitantes hospitaleiros da ilha.

O lugar é uma beleza, todo verde e montanhoso, e anteriormente foi o habitat do pássaro dodô, uma ave dócil e incapaz de voar que, por ser tão fácil de apanhar, entrou em extinção — disseram-me que eles eram parecidos com as galinhas, porém um pouco maiores e mais corpulentos.

Havia muitos ancoradouros confortáveis nas águas claras da costa. Fiquei uma semana em Grand Bay, onde amarrei o *Acrohc* no paredão da piscina de um hotel. Eu tinha apenas que dar um pequeno salto até uma área avarandada para me deliciar com um café da manhã com meus novos amigos — isso é que é jeito de começar o dia!

Saindo de Grand Bay, fui para a praia de Peribere, "virando a esquina", uma enseada menor, com praias de areias douradas. Ancorei lá por uma semana. Toda noite, um grupo de jovens nativos e iatistas se encontrava na praia, eles se sentavam ao redor de uma fogueira, comiam peixe grelhado, bebiam cerveja e tocavam a música local. Um ou dois violões e um tambor era tudo de que precisavam para criar aquela atmosfera. Se não houvesse tambor, um de metal também servia. As noites eram quentes, e as reuniões muitas vezes iam até altas horas.

Entre os novos amigos que fiz, estava Tonga Bill. Quando nos encontramos pela primeira vez, ele ficou espantado com o tamanho do *Acrohc*; seu barco era igual ao que mantinha o recorde que eu queria quebrar. Mas ele não estava atrás de nada disso e era muito feliz com a vida que levava, fazendo entalhes e esculturas em madeira, marfim, coral e dente de tubarão. Como lembrança, ele entalhou uma lenda polinésia a respeito do mar no gurupés do *Acrohc*, a única peça de madeira na sua estrutura. Quando cheguei ao reinado de Tonga, muito tempo mais tarde em minha viagem, descobri que ele era uma espécie de celebridade por lá, por ser o único nativo de Tonga, nos dias atuais, que construiu um iate e saiu em cruzeiro.

Eu gostaria muito se pudesse ficar mais tempo em Maurício, mas as meninas lá eram gentis demais. Se eu quisesse permanecer solteiro e completar meu itinerário, teria que me mandar. De qualquer maneira, três semanas de descanso eram suficientes para a próxima etapa à ilha Reunião, a apenas 120 milhas dali.

A viagem à Reunião foi uma velejada fácil, com ventos leves e favoráveis, noites calmas, que me permitiram bom sono com a gaiuta aberta.

À noite, o céu estava lindo e claro, abrilhantado pela Via Láctea e seu número infinito de estrelas. Parecia até vergonhoso dormir, e eu ficava refestelado no meu abrigo, horas e horas, procurando estrelas cadentes e satélites artificiais, que eram fáceis de localizar no ar límpido. Cada satélite levava cerca de dez minutos para cruzar o céu.

Somente em meu segundo dia depois de deixar Maurício pude ver a parte baixa de minha nova ilha, sob sua gigantesca cerração. Ilhas montanhosas como Reunião estão quase sempre capeadas por uma grande nuvem, causada pela diferença de temperatura. Às vezes, essas nuvens escondem por completo as ilhas e, a despeito do vento constante, não são deslocadas, porque se refazem continuamente.

Naquela noite, só fui perturbado por um tubarão, dos grandes. O som de sua cauda impulsionando-o pela água tranquila me fez levantar. Com o farolete, pude vê-lo nadando apressado, em volta e por baixo do *Acrohc*, como se estivesse perseguindo alguma pequena presa que provavelmente procurou refúgio sob o casco do meu barco.

Depois de mais uma noite ao largo de sua praia acidentada, que foi passada com mais vigilância do que a anterior, adentrei o porto de Saint Pierre. Um forte vento favorável se desenvolveu, e a entrada foi quase um surfe. Os nativos me disseram, depois, que, quando avistaram aquela vela pequena a distância, falaram entre si: "Lá está outro maldito windsurfista que teremos que socorrer".

Quando entramos no porto, um iatista me mostrou onde eu poderia amarrar o *Acrohc* sem pagar. Ele também insistiu em me emprestar seu barquinho inflável. O barquinho do Philippe me foi muito útil, porque eu sempre tinha dificuldade em manter o meu inflável flutuando. Na verdade, o meu era de brinquedo, não um verdadeiro, mas era o único que eu conseguia guardar a bordo, e quase sempre a única maneira de eu chegar a terra, se não arranjasse uma carona de alguém. Algumas vezes, eu ia nadando, como alternativa, e levava roupas secas comigo em um saco plástico. Isso, entretanto, nem sempre era possível.

Capítulo 5

FOGO A BORDO

Reunião é uma ilha francesa que foi usada como base por piratas no final do século XVII. Seus habitantes ainda usam um dialeto crioulo, não muito diferente daquele falado em Maurício. Muitas das velhas expressões e dos antigos termos náuticos permaneceram. Ouvi muitas histórias de tesouros enterrados e de piratas famosos, e, de fato, alguns dos habitantes são descendentes de piratas. Não obstante, a maior parte da população é de origem francesa, africana e indiana.

Estive lá em maio, quando as ruas estavam enfeitadas com as cores vivas das cerimônias tâmeis. Um dia, fiquei observando uma procissão caminhando em direção à praia. As mulheres vestiam roupas de cores berrantes, enquanto o peito nu dos homens estava coberto com pinturas coloridas. Chegando à praia, alguns deles se entregaram a uma cerimônia, e uma das coisas que faziam era perfurar a pele com longas agulhas — aparentemente sem sentir dor alguma. Foi uma pena eu ter perdido a cerimônia de andar sobre as brasas, que me disseram ser algo que merecia ser visto.

Em Reunião, o padrão de vida do habitante é comparável ao do sul da França. Há, entretanto, outros cidadãos, chamados "os pequenos brancos", gente que se estabeleceu e se refugiou nas partes mais altas da ilha durante as revoltas de escravizados.[3] Alguns desses "refugiados" construíram vilas em vales pequenos e isolados e nunca mais voltaram aos povoados da costa. Só recentemente suas vilas foram descobertas, e seu modo de viver é comparado ao do homem da Idade da Pedra. Mas, depois de visitar uma dessas vilas, eu compreendi a relutância desse povo em "voltar à civilização".

A noiva de Tonga Bill, Christine, estava trabalhando em Reunião e se ofereceu para me levar até Grand Bassin, um desses assentamentos recém-descobertos. Tive a primeira visão da vila de um mirante de mil metros de altura. Ela estava encravada em um pequeno vale, entre montanhas de dois mil metros. Não era fácil chegar lá, porque o caminho era feito principalmente de degraus toscos, talhados na encosta da montanha; mas a caminhada de quatro quilômetros morro abaixo foi divertida e me levou a paisagens das mais encantadoras que eu já tinha visto. A vegetação era densa e verde, interrompida apenas por picadas que conectavam as habitações construídas de madeira ou pedra. E lá havia um rio que despencava em uma queda, formando uma piscina natural de águas cristalinas. Um mundo sem motores e sem eletricidade — era como voltar no tempo.

Quando chegamos à vila propriamente dita, fiquei surpreso pela serenidade reinante. Perguntamos pelo caminho até a cachoeira e lá almoçamos em um "Jardim do Éden". Depois de nosso piquenique, voltamos à vila e conversamos com alguns residentes que estavam reformando uma das casas. Descobri que, apesar da ausência de certas comodidades muito atuais, eles viviam tão bem como qualquer outra pessoa do século XX, desfrutando, na realidade, de um modo de vida mais tranquilo e feliz.

A caminhada de volta, pela encosta da montanha, já foi outra história. Até Fidor, o cachorro que nos acompanhou, teve dificul-

3. A escravidão foi abolida na ilha em 1848 [N. do T.].

dades. Disseram-me que alguns dos habitantes fazem esse percurso três ou quatro vezes por semana, para vender sua mercadoria na cidade. Fiquei feliz por precisar fazer somente uma vez.

Não cheguei a escalar o vulcão ativo, porque o topo estava constantemente envolto em nuvens. Teria sido uma caminhada fria e sem sentido, por causa da baixa visibilidade. Eu também teria que madrugar para fazer essa excursão — tarefa difícil depois de deitar tarde tantas noites. Mas eu não tinha do que me queixar, pois todo mundo vivia me convidando para comer, beber e me divertir, e a comida crioula-francesa... uh-lá-lá!

Adorei a lagosta ao molho curry, servida no pequeno restaurante à beira da água. As lagostas eram capturadas pelo próprio dono do estabelecimento, que era mergulhador. Lá também havia um iatista que me oferecia, de graça, refeições fartas em seu restaurante, só porque eu havia consertado o motor do barco dele. Mais dois iates que eu havia encontrado em Maurício chegaram, mais razões para aquele drink ou para ir a uma discoteca ou àquele pequeno café que ficava aberto até tarde...

Reunião continua um dos lugares mais agradáveis que já visitei. Fácil, fácil, eu poderia ter ficado lá mais de três semanas. Só as tortas francesas já conseguiriam me segurar por mais tempo.

O dia da partida chegou, e eu fui ao posto policial para liberação. Eles carimbaram meu passaporte e disseram "*bon voyage*". Essa era toda a burocracia em Reunião.

O mais conveniente era largar por volta de meia-noite, com maré alta, quando o vento parava de rebentar as ondas em direção à entrada do porto, mas, quando eu consegui sair, já era uma e meia da manhã de sexta-feira. Eu nunca fui supersticioso e sempre saí quando estava pronto. Além do mais, Madagascar, a ilha selvagem, estava esperando.

Fora do porto, um forte vento sudeste esperava por mim; ele durou toda a noite e o dia seguinte. O terceiro dia, entretanto, foi de mar calmo, mas com uma tempestade vindo em nossa direção. Felizmente, embora ela tenha nos rodeado, acabou voltando atrás, e eu pude dormir bem à noite.

No dia seguinte, o tempo e a água ainda estavam calmos, e, por isso, o *Acrohc* estava deslocando-se a apenas um nó — perfeito para fazer panquecas, pensei. Fiz a massa e fui comendo uma a uma, à medida que saíam do fogareiro. Estavam ótimas!

O álcool do fogareiro foi terminando, e eu precisei colocar mais para continuar a fritar as panquecas. Eu deveria ter desligado o fogo, mas sabendo que, se ele esfriasse, eu teria que reaquecê-lo para poder acender, verti o álcool no fogareiro, usando um pequeno funil que eu havia feito precisamente para esse fim. Eu já havia realizado essa operação muitas vezes, mas, nessa ocasião, uma onda atingiu o *Acrohc* bem quando eu estava abastecendo e, por isso, borrifei um pouco do álcool. Em uma fração de segundo, vi a chama do fogareiro inflamar o álcool vazado, saltar pelo funil e ir parar na garrafa. Houve um sopro violento, e a garrafa inteira explodiu nas minhas mãos, espalhando o álcool inflamado pela cabine e sobre mim.

Por sorte, a gaiuta estava aberta, porque, enquanto eu saía voando da cabine para mergulhar na água, ouvi, mais do que senti, o crepitar de minha barba em chamas. Por puro reflexo, pulei em direção à proa e nunca vou saber como eu consegui saltar para fora, e através dos estais, tão rápido. Mesmo quando eu mergulhei pela borda, dei uma volta para voltar à superfície e agarrar a parte lateral do barco, subindo a bordo, tudo em uma só operação. Normalmente, eu fazia o maior esforço para subir a bordo depois de um mergulho, mas, dessa vez, eu o fiz em tempo recorde.

Quando subi, vi as labaredas saindo pela escotilha e não pensei duas vezes quanto a salvar meu barco — molhado como estava, podia suportar o fogo: mergulhei pela escotilha para agarrar o extintor que estava na cabine. Ele estava fixado ao lado da cabine por um grampo simples, mas o décimo de segundo que levei para soltá-lo me pareceu muito tempo. Tanto tempo que, mesmo naquele breve momento, passou pela minha memória o caso de um amigo que, após uma queda de avião, foi incapaz de soltar o cinto de segurança por ter entrado em pânico.

Lembro-me perfeitamente de ter dito a mim mesmo para não entrar em pânico, soltar o grampo e, então, apertar o gatilho. Eu o fiz com tanta força que o extintor quase voou de minhas mãos, mas consegui segurá-lo e dei uma pulverizada na cabine. Não foi difícil apagar o fogo, mas, como havia ainda muita fumaça, apliquei mais um jato, só para me certificar de que o fogo estava extinto. Foi então que caí em mim e verifiquei a extensão do que me havia acontecido.

Comecei a sentir as dores das queimaduras e o cheiro de plástico queimado e notei o aspecto deplorável da cabine. Tudo ao redor parecia estar preto pela combustão ou branco pelo pó do extintor. Havia massa de panqueca espalhada por todo o lado, por causa do frasco que explodiu. Sentia-me molhado, frio e quente ao mesmo tempo. Não podia entrar na cabine, porque ainda estava muito quente, mas, apesar da minha pele queimada, eu me sentia gelado.

Lembro que me questionei se fiz a coisa certa ao mergulhar no mar. Um segundo mais dentro daquele fogo e estaria tudo acabado. A dor, agora, estava insuportável, e eu não podia nem entrar para me secar. Queria deitar um pouco, mas não podia nem me sentar na gaiuta aberta, por causa do calor. Acabei ficando de pé, no convés de proa, pois ele não havia sido atingido pelo calor do fogo, pensando no que eu deveria fazer em seguida.

Algum tempo depois — e eu não me lembro quanto —, a cabine esfriou o suficiente para que eu pudesse tirar uma toalha e a pomada para queimaduras. Em seguida, estiquei um toldo sobre o barco. Aquela estranha sensação "frio/quente" passou, mas eu sabia que tinha que ficar ao abrigo do sol. Lambuzei-me com a pomada, usando o tubo inteiro. Meu peito não tinha queimaduras, graças à camiseta, e eu estava usando roupas de baixo, mas minhas pernas, braços e rosto estavam em mau estado.

Eu parecia uma galinha depenada e meio cozida. Os pelos do corpo se foram, metade da barba também, assim como parte de minha cabeleira, do lado esquerdo da cabeça. Minha orelha esquerda estava queimada, e também o nariz e o pescoço — este era o que mais doía. Até meus pés se queimaram. Pela primeira vez, pensei em usar o rádio na frequência de socorro, mas imaginei se alguém poderia fazer alguma coisa por mim. Provavelmente me dariam pomada para queimaduras e analgésicos, mas eu tinha os dois e já os tinha usado. Se eu pedisse salvamento, ele não chegaria antes de um ou dois dias, se eu tivesse sorte, e eles ainda me tirariam do *Acrohc* e o abandonariam.

Eu não poderia deixá-lo, depois de o ter danificado tanto. A maior parte do revestimento da cabine tinha desaparecido; tudo que era de plástico, no lado interno, havia queimado. O vidro da bússola estourara, uma das bombas de água tinha entortado, o colchão central de espuma ficou com um buraco do tamanho de um prato, pedaços do cobertor se foram, a vigia frontal de vidro estava trincada, e quase tudo estava coberto com pó branco. Que bagunça!

Encostei-me no alojamento e passei o resto do dia procurando uma posição confortável para repousar. Na manhã seguinte, a dor já não estava tão intensa, mas a desordem na cabine persistia, e eu não tinha ânimo para começar a arrumação. O vento soprava mais forte, e o balanço do *Acrohc* fez com que eu esfregasse minhas queimaduras contra o que estivesse em volta. Continuamos navegando em direção oeste. Àquela altura, já não me preocupava mais com a minha posição e não me animava a usar o sextante.

A situação continuou a mesma pelos próximos dois dias, quando algumas das bolhas começaram a estourar e a carne viva que ficou exposta era muito dolorosa ao toque. Permaneci na cama noite e dia, procurando apenas me sentir confortável.

No sexto dia, passei a vigiar os arredores em busca de terra. Eu queria avistar um navio para pedir umas coordenadas. Calculei que ainda estivesse muito distante da terra para poder descansar. A dor dos ferimentos em processo de cicatrização parecia melhorar.

Com a diminuição da dor, eu me dei conta do quão próximo da morte eu estive e quão burro eu fui. Não podia culpar a ninguém, senão a mim mesmo, pela situação e entendi por que tantos marinheiros preferem navegar sozinhos; se fosse outro que tivesse provocado o incêndio, eu simplesmente o teria jogado ao mar. Errar é humano, mas, no mar, não há espaço para erros. Cometi um que quase me custou a vida, mas aprendi uma lição preciosa.

Eu ansiava pelo dia em que poderia dormir sem o movimento do barco, que esfolava meus ferimentos, e, no sétimo dia após o incêndio, eu sabia que já estava próximo da terra, mas o sol não aparecia para que eu pudesse ler minhas coordenadas. Meu destino era Fort Dauphin, e eu estava me dirigindo trinta milhas ao Norte, para compensar as fortes correntes que descem paralelamente à costa. Naquele dia, mais à tarde, eu avistei Madagascar e descobri que havia superestimado a força da corrente. Eu estava vinte milhas mais ao Norte, e chegamos a cinco milhas da costa.

Viemos costeando a motor o resto do dia e enfim, tarde da noite, entramos na baía onde está Fort Dauphin. Eu havia limpado um pouco da sujeira do incêndio, e só alguns remendos ficaram à mostra. A viagem levara dez dias, como planejado, e, apesar de ter um tranco no meio, acabamos chegando. Mas é lógico que nunca mais parti em uma sexta-feira!

Ancorei fora do porto e dormi como nunca tinha dormido antes, só acordando bem tarde, no dia seguinte.

Eu não tinha conseguido um visto para Madagascar antes de sair de Reunião e, por isso, quis contatar as autoridades locais antes de entrar no porto. Tentei localizar o capitão do porto pelo rádio VHF por horas a fio, sem sucesso — só depois é que fiquei sabendo que ele não dispunha de VHF. Enquanto eu tentava, passaram por mim algumas canoas, dessas feitas de um único tronco, que pareciam estar de volta de uma pescaria. Madagascar já foi uma colônia francesa, e, por isso, eu tentei falar com eles em francês, mas tudo que eles fizeram foi sorrir para mim. Um deles sabia duas palavras, "*du pain*". Ele estava pedindo pão! Onde eu conseguiria pão depois de dez dias em alto-mar? Eu até poderia dar a eles algo de comer, mas, antes de mais nada, eu queria ser liberado; não queria problema com as autoridades.

Desisti do rádio e resolvi entrar no porto. Quando me aproximei do cais, mandaram que eu não atracasse e que aguardasse a polícia. Meia hora depois, eles apareceram e, então, permitiram que eu amarrasse o barco. A polícia, porém, não veio só. Tive a impressão de que ela veio acompanhada de todas as autoridades da cidade e de alguns soldados com farda de combate completa. Comecei a me aborrecer. Será que eles pensavam que eu era um terrorista ou algo do tipo?

Inicialmente, eles me trataram como se eu fosse isso mesmo. Fui levado para um pequeno escritório da alfândega, atulhado de gente. Todos faziam perguntas e tomavam nota. A cena era mais ou menos cômica, e eu podia ouvir frases como "Ele está ferido" e "Deixe-me passar, sou da corretora de seguros". A maior parte do pessoal falava malgaxe, e eu não conseguia compreender muito. Depois de uma hora naquele quartinho, todos nós voltamos ao *Acrohc*. Como não havia espaço, só uma das autoridades veio até a cabine comigo. Outra ficou no convés, e o resto, no cais.

O homem que entrou no *Acrohc* era da Polícia de Segurança Nacional e muito cioso de sua autoridade. Ele examinou minuciosamente a cabine e ergueu coisas como uma lata de feijão, pacotes de temperos e de macarrão, para mostrar aos outros no cais o que eram. Eles respondiam em coro a cada uma das "descobertas".

Dentro da mesa dos mapas, ele encontrou coisas estranhas, como meu Almanaque Náutico, uma pasta cheia de papéis, um livro com sinais de rádio e um livro de bordo. Eles ficavam intrigados com qualquer coisa que estivesse escrita em inglês, provavelmente porque eles não entendiam a língua. Essas coisas foram separadas para serem levadas ao posto policial.

Depois disso, ele examinou os armários e encontrou mais materiais suspeitos, como o rádio portátil VHF, foguetes de sinalização e um aparelho direcional. "Isso pode ser material terrorista, nós levaremos também", disse o policial. Então fomos todos andando até o posto, e, no caminho, ele explicou que estávamos andando porque eles não tinham peças sobressalentes para consertar o único carro da polícia.

No posto, tudo foi reconferido, e eles pareceram tranquilizados quando encontraram um relato da minha viagem até então, escrito em francês. Eles ainda estavam desconfiados pela falta de visto e informaram que passariam um telex à capital, para concedê-lo. Fiquei muito surpreso de ouvir que eles tinham um telex. Disseram que eu teria que me hospedar no Motel Gina por um tempo, que eu não deveria sair de lá e que o proprietário ficaria de olho em mim. Meu rádio, foguetes e passaporte ficariam apreendidos enquanto eu permanecia na cidade. Eles queriam ficar com minha câmera fotográfica também, mas eu protestei em voz alta e, então, eles desistiram.

Tranquilizei-me quando fui bem recebido pelos proprietários do motel[4], uma senhora malgaxe e seu marido francês. Eles me deram um bangalô que, mesmo não sendo de alto luxo, era mui-

4. N do E.: Em inglês, a palavra "motel" significa "motor hotel", ou seja, um hotel (com menos serviços e mais baratos que hotéis "normais") que geralmente fica à beira de uma estrada ou rodovia.

to limpo e tinha um chuveiro. Enquanto estive lá, fui constantemente convidado a jantar com os proprietários, e eles nunca me cobraram nada.

Na primeira tarde, eles chamaram um médico, a despeito de meus protestos de que eu estava bem. O doutor concordou comigo. Todas as queimaduras tinham cicatrizado, à exceção de umas poucas áreas infectadas. Tudo que precisava era de um pouco de sol para a pele nova.

No dia seguinte, recebi um visto válido por uma semana, e parecia que não haveria outros problemas. Deram-me permissão para residir a bordo do *Acrohc*, mas eu teria que passar pela alfândega cada vez que embarcasse. Também me disseram para não passear à noite e, durante o dia, não ultrapassar os limites da cidade.

Fiquei muito ofendido com esse tratamento e até pensei em partir, mas desisti e logo me alegrei por ter ficado. Fui informado de todos os regulamentos, mas quem disse que eu teria que obedecê-los? Depois de beber umas cervejas com os policiais, eles me deixaram à vontade, e o pessoal da alfândega se esqueceu de mim. Cheguei mesmo a ir a uma discoteca com alguns policiais e participei de um piquenique no campo com a dona do hotel e sua família.

Meu passatempo favorito, entretanto, era jantar no hotel. Em cada refeição, nós falávamos de nossos pratos preferidos. Essa parecia ser a forma de a proprietária descobrir o que eu gostava de comer, pois, a cada refeição, eu era presenteado com o prato que eu tinha dito apreciar na anterior. A bisteca ao molho tártaro era soberba, assim como as lagostas preparadas de diferentes maneiras. Meu prato favorito eram as grandes ostras dos rochedos passadas no vapor, com manteiga, alho e salsa, mas cada refeição era um banquete.

Eu fazia minha refeição matinal a bordo, esnobando com lagosta. Toda manhã, os pescadores locais vinham trazer o que tinham pescado, e as lagostas eram baratas. Então, por que não? Fiz amizade com os pescadores, e um dia eles me proporcionaram uma volta em sua canoa, mas eu quase virei. Não entendo como eles trazem nelas tubarões de mais de dois metros. Não dava para conversarmos com facilidade, mas compreendi que eles estavam desesperados atrás de equipamentos de pesca. Tudo o que pude dar foram alguns anzóis. Eu levaria um monte de linha de náilon, se um dia voltasse lá.

Muita coisa estava em falta em Madagascar. Desde a revolução, os tempos têm sido difíceis. A maior parte dos franceses se foi, e, com eles, as poucas indústrias que haviam estabelecido. Até mesmo a agricultura ficou descuidada. Quase tudo era importado, e o câmbio era tão desbalanceado que só fazia a felicidade dos turistas. Mas não há dúvida de que eles faziam uma boa cerveja; ela ganhou até um prêmio internacional.

O país, em si, é lindo — pobre e selvagem como seus habitantes. A maior parte deles ainda vive em pequenas aldeias, em tendas primitivas de sapé, e eu me surpreendi de ver alguns chegando à cidade empunhando lanças chamadas *sagae*. Disseram-me que eles as usam, também! O assassinato, me pareceu, não era considerado crime maior; ser um terrorista ou um sul-africano era muito pior.

A maior parte dos dez milhões de habitantes da ilha é composta de negros, e muitos vivem nas terras baixas. Nas regiões mais altas, vive gente de origem malaia ou chinesa, não estou bem certo, mas uma coisa da qual tenho certeza é que as moças são das mais bonitas — pele cor de âmbar, olhos amendoados e cabelos longos, negros e ondulados. Isso, porém, não quer dizer que eu não tenha gostado das outras garotas de Madagascar ou de qualquer outro lugar.

Muito rapidamente, minha semana chegou ao fim. As queimaduras estavam quase cicatrizadas por completo, mas, depois disso, comecei a sentir dor ciática. Ciática é a dor lancinante e intermitente no trajeto de um nervo espinhal, provocada por várias causas, em geral um disco de coluna fora de posição. Seja lá o que for, ela torna o ato de andar, ou apenas ficar de pé, extremamente doloroso. Não era novidade para mim, mas eu não a sentia havia muito tempo. (Eu responsabilizei o tempo mais frio que estava enfrentando em latitudes mais baixas, e, conforme previ, seis meses depois, quando voltei para climas mais quentes, ela desapareceu.)

Naquela hora, entretanto, ela tinha voltado a atacar, mais aguda do que nunca. A dor mal me deixava andar. Entre os amigos que fiz por lá, havia gente do hospital local, e eles me informaram que, em Madagascar, nada podia ser feito para tratar o meu caso. Disseram também que o melhor era ficar deitado o máximo de tempo possível. Uma intervenção cirúrgica significava voltar a Reunião sem o *Acrohc*, e eu não o deixaria sozinho, mesmo que a dor ficasse insuportável.

Tentei uma prorrogação do prazo para meu visto, de modo que eu pudesse repousar por alguns dias, mas isso criou um problema. O presidente visitaria a cidade em breve, e eu ainda era considerado um terrorista. Assegurei à polícia, mais uma vez, que eu não estava indo para a África do Sul e consegui a devolução de meu passaporte e meus pertences. No dia anterior a minha partida, enquanto eu ainda podia andar, me abasteci de frutas e vegetais. Momentos antes de deixar o país, um médico me trouxe uns comprimidos para aliviar a dor. Por algum tempo, alimentei a ideia de ancorar fora do porto para descansar por alguns dias, mas depois achei melhor sair navegando.

Talvez eu retorne a Madagascar no futuro. Imagino se ainda estará do mesmo jeito ou pior. Os franceses tentaram "civilizar" o lugar, mas eu o visitei apenas vinte anos após a independência e a regressão já era aparente: as construções estavam caindo aos pedaços, e as estradas, se tornando intransitáveis. Se eu voltar, pode ser que encontre os poucos carros sucateados, a agência do correio fechada (quando estive lá, os selos eram roubados, e as cartas sumiam, em vez de serem encaminhadas) e o povo ainda mais pobre. Provavelmente, o que está acontecendo é que eles ainda não estão preparados para nosso padrão de "civilização".

Gastei a maior parte da etapa seguinte, o último trecho do oceano Índico, na cama. O diário de bordo conta a história.

12 de junho: "Tudo vai bem, a ciática melhorando, deitado o tempo todo. Apenas duas tempestades de chuva."

14 de junho: "Tempestuoso desde a tarde. Ainda na cama."

16 de junho: "A tempestade durou até o meio da tarde. Tempo ruim, e não saí ainda. Perdi mais um balde, à noite." Esse foi o segundo "balde-toalete" que perdi, e eu perderia muitos outros até o fim da viagem. Amarrei o terceiro balde no convés para ser mais fácil trazê-lo para dentro, mas, em tempestades violentas, eles sempre eram arrastados e se perdiam.

17 de junho: "O sol, finalmente. Duas tartarugas apareceram por volta de meio-dia. A dor, agora, passou."

19 de junho: "Avistei a distância duas baleias saltando."

20 de junho: "Consegui conferir as coordenadas com um navio cargueiro; errei por apenas cinco milhas na minha checagem no sextante."

No 11º dia daquela etapa, o *Acrohc* foi ultrapassado por um grupo de oito baleias. No momento, eu pensei que fossem orcas, mas, mais tarde, fiquei sabendo que eram cachalotes. Eu estava subindo da cabine com uma xícara de café quente quando as avistei vindo por trás. Eu velejava lentamente, e parece que o *Acrohc* não as perturbou. Só duas foram mais curiosas com a presença, e uma nadou com o dorso muito próximo da quilha para examiná-la. De fato, elas chegaram tão perto que eu tive medo de que uma delas espirrasse água malcheirosa sobre a gaiuta aberta e dentro da cabine, enquanto eu batia as fotos. Devagar, a última nos passou, e eu fiquei só e com uma xícara de café frio. Esse foi o meu primeiro encontro com baleias.

22 de junho: "Estou tendo maus pensamentos a respeito desta viagem, talvez pela falta de cigarros, mas também pelo tempo frio e por ter acabado o vinho."

24 de junho: "Ventos fortes durante a noite, preocupado pela proximidade da costa sul-africana."

25 de junho: "Os ventos continuam fortes o dia todo, com força de ventania, à noite. Não estou gostando desse tempo no Canal de Moçambique." Minha tática tem sido velejar em direção à costa durante o dia e à noite navegar paralelo a ela, para dormir sabendo que não vou dar na costa.

26 de junho: "Em direção oeste, novamente com ventos mais calmos. Avistei uma luz às dezenove horas, deve ser a África. Estranho, não sinto grande emoção. Viro para o sul para dormir."

No dia 27 de junho, fazendo 17 dias que deixei Madagascar, aproximei-me da costa da África e me dirigi a uma lancha de pesca que estava ancorada cerca de uma milha mar adentro. Aproximei-me de lado e perguntei se podiam ceder-me um cigarro. Infelizmente, ninguém fumava.

— Seu barco leva uma bandeira australiana, de onde você é? — perguntou o piloto.

— Austrália — respondi. — Minha última escala foi Madagascar. A que distância fica Durban?

Ele olhou longamente o *Acrohc*, depois o meu rosto, para se certificar, eu penso, de que eu não estava brincando.

— Vinte milhas... você veio da Austrália até aqui nesse barquinho?

Garanti a ele que sim e, depois disso, tive que responder a cem perguntas em cinco minutos. Bem que eu devia ter trazido minha câmera; eles nunca vão acreditar em mim. Quando me afastei, ele estava resmungando. Senti-me como se eu fosse um marciano ou coisa parecida!

Velejei para o Sul, em direção a Durban, com brisa suave. O *Acrohc* havia atravessado o oceano Índico e era o menor barco a conseguir tal feito. Não fora fácil, entretanto, e eu estava feliz por ter terminado. Eu já tinha batido um recorde, mas, na verdade, não estava muito entusiasmado por isso. Afinal, foi apenas um oceano, e eu estava atrás do recorde mundial.

The J. family. Walker.
40 Mrs. J Cornelius
P.O. Box 30328
Les Marcus
0038
THATS ONE BIG CANOE, I
ALWAYS WAS IMPRESSED THAT IT
COULD CARRY 8 PEOPLE
FAIR WINDS SERGIO
JERRY WALKER
6/9/86

Capítulo 6

CABO DAS TORMENTAS

No dia seguinte, aproximando-me de Durban, chamei o capitão do porto. Ele mandou a lancha da Polícia Marítima para se encontrar com o *Acrohc* fora do porto, quando eu estava ainda meia milha ao norte do quebra-mar. Pelo rádio, pude escutar uma discussão entre o comandante da lancha e o capitão do porto. Alguém na lancha disse:

— Já estou fora do quebra-mar e não estou vendo o iate.

— É um iate de 12 metros, de bandeira australiana, e a vela tem uma faixa amarela — foi a resposta.

Depois de pouco tempo, interrompi para dizer:

— Na verdade, são 12 pés, e não 12 metros.

Finalmente eles encostaram e me deram reboque.

— Não acredito! — disse o piloto. E foi repetindo o tempo todo, ao longo do grande porto, até o cais de desembarque internacional. Chegamos lá depois do escurecer e, julgando pela quantidade de gente que estava nos esperando, deveria haver um monte de xeretas na escuta do VHF.

Assim que me liberaram, fui levado ao iate clube. A cerveja era boa, mas senti-me um pouco confuso no meio de tanta gente, cada um querendo saber tudo a respeito de tudo. Toda aquela barulheira era estranha para mim; a ciática ainda me incomodava, e eu estava cansado. Não sabia se me despedia e saía para uma chuveirada, se bebia outra cerveja que me ofereciam ou se simplesmente ia para a cama.

Além disso, eu tinha um monte de coisas para resolver em minha cabeça, como se eu poderia sacar dinheiro com meu cartão de crédito — em alguns países, nem sempre é possível. Também queria contatar minha família e começar a reparar os estragos do incêndio.

Eu estava feliz por ter atravessado o primeiro oceano, e parece também que eu havia me acostumado a ficar sozinho — senti-me desconfortável no meio daquela multidão. No final das contas, acabei não tomando uma chuveirada e nem bebendo mais uma cerveja. Depois da refeição, voltei ao *Acrohc* apenas para encontrar uma outra turma de iatistas ansiosos para bater papo. Lá comecei a descansar; o ambiente era mais tranquilo, e o ar livre me dava uma boa sensação.

Fui dormir tarde aquela noite. Estava frio, o *Acrohc* estava todo sujo, e a cabine queimada era horrível de olhar — além de malcheirosa —, mas me senti em casa. Na verdade, eu normalmente recusava a oferta de um lugar para dormir, aceitava-a apenas em raras ocasiões. Não havia muito conforto no *Acrohc*, apertado, mas eu estava acostumado a ele, o alojamento era cômodo, e tudo estava ao alcance — aquilo era o meu lar.

No dia seguinte, enquanto eu estava amarrado àquele movimentado cais, as perguntas não paravam.

— Onde você dorme? O que você come? Você não se sente muito só? Você não tem medo? Onde é seu banheiro?

E minhas respostas:

— Eu tinha um balde, mas perdi; ultimamente eu tenho me pendurado do lado de fora. Não, eu não odeio gente; sim, fui eu mesmo que o construí.

E ainda mais perguntas e respostas:

— Você deve ler um bocado, não?

— Não, no barco não há espaço para livros. Não, o barco nunca emborcou. Sim, eu posso cozinhar lá dentro.

— Para que serve aquilo? O que você faz?

Um homem que estava sentado em sua lancha, a uns vinte metros, ficou com dó de mim e gritou:

— Por que você não chega aqui e amarra o seu barco no meu?

Fiz isso e valeu a pena, não só porque ele tinha um bom suprimento de cerveja gelada, mas também porque ele me ofereceu o uso de seu barco, além do uso do inflável para ir até o cais. Alan e eu nos tornamos bons amigos, e o *Acrohc* permaneceu atracado a seu barco a maior parte do tempo que fiquei lá.

No meu segundo dia na cidade, tive uma grata surpresa ao encontrar dois amigos que eu havia conhecido cinco anos atrás em Brisbane, quando eles estavam em um cruzeiro. Eu sabia que eles estiveram em Durban construindo um barco, mas pensei que já tivessem saído. Bernard é polonês, e Nadine é francesa. Eles estavam ocupados com a construção de um iate de 55 pés, o *Nanou*, já havia um ano.

Eles vieram me ver assim que ouviram falar de minha chegada. Foi uma grande reunião, e nós tagarelamos horas a fio, trocando experiências náuticas. Eles já percorreram todo o mundo em seu barco velho, mas, quando puseram os pés em Durban, acharam que era hora de vendê-lo e construir um novo. Minha chegada coincidiu com o lançamento do *Nanou*. Claro, ele ainda tinha que receber todo o acabamento interno, e eu adoro trabalhar em barcos, por isso não pude deixar de ajudar meus amigos; aliás, eu estava precisando parar um pouco de velejar. Dezembro é considerado o melhor mês do ano para enfrentar o cabo da Boa Esperança, e, nesse caso, eu teria uns meses para matar. Nós resolvemos tentar dar o acabamento no *Nanou* por volta de outubro, de modo a largarmos juntos de Durban no dia do meu aniversário.

O trabalho no *Nanou* continuou nos três meses seguintes, com algumas horas reservadas para eu reparar os danos no interior do *Acrohc*. Recuperei os estofamentos e revesti quase totalmente a cabine. Substituí o vidro trincado da vigia frontal por acrílico, que é o mesmo material das vigias laterais. O *Acrohc* ganhou uma demão de tinta grátis, ofertada por um fabricante local de velas de estearina, que acrescentou a figura de dois cangurus lutando boxe à popa, dando-lhe um toque original.

Durante sua permanência em terra, o *Acrohc* recebeu muitos visitantes, curiosos com sua quilha estranha. Tive que explicar muitas vezes que eu preferia o lastro em forma de torpedo, porque, assim, mantinha o centro de gravidade tão baixo quanto possível, e que o espaço vazio na parte baixa da quilha era para reduzir a resistência lateral às inclinações. As aletas da quilha não eram cópia do *Australia II*, o vencedor da America's Cup. Eu estava construindo o *Acrohc* antes de eles revelarem a famosa "quilha aletada" — entretanto, a minha foi projetada daquela maneira por mais ou menos a mesma razão, isto é, minimizar o arraste lateral. Sendo um barco tão pequeno, eu sabia que o *Acrohc* inclinaria um bocado, o que resultaria na quilha não ficando mais na vertical, mas possivelmente em um ângulo de trinta a quarenta graus, e, então, tenderia a um arrasto lateral e consequente levantamento; mas, com as aletas, a inclinação do barco não interferiria, a quilha teria como se agarrar e o barco só poderia ir em uma direção: para a frente.

Além do que já foi explicado, por ser tão curto, o *Acrohc* tinha tendência a trotar como um cavalo. A curiosa chapa grande na linha inferior do leme foi colocada justamente para evitar essa tendência. Ela ajudava a estabilizar o barco e a aumentar a eficiência do leme quando inclinávamos muito, porque impedia a água de escapar por baixo deste. É claro que, quando toda essa superfície extra estava molhada e suja com algas e cracas, isso contribuía um bocado para tirar nossa velocidade, mas isso era mais do que compensado pela melhoria geral da navegabilidade.

Durante a construção do *Acrohc*, eu me concentrei especialmente na velocidade — quanto mais rápido eu pudesse navegar, mais fácil seria completar a viagem —, mas não negligenciei a segurança. O barco inteiro era composto de partes soldadas, cada compartimento reforçando o casco e agindo como uma peça do cavername. A quilha era composta de três chapas de alumínio de dez milímetros de espessura, que juntei em uma única, o que daria mais flexibilidade e resistência à ruptura. Construí o leme da mesma maneira. O barco era praticamente indestrutível. Muita gente se surpreendeu ao saber que o *Acrohc* não tinha um salva-vidas, mas eu tinha, e ainda tenho, confiança de que, construído como era, um salva-vidas seria inútil. (É verdade, eu sei, o *Titanic* também não afundava...)

Depois de reparados os danos do fogo, o *Acrohc* foi exposto em um shopping center. Eu passei uma semana inteira prestando atenção nos comentários, alguns bastante irritantes, como "Eles nunca vão deixar você sair do porto, sabia?". E a algumas perguntas tolas, do tipo "O que você faz se aparecer um tubarão?". Na verdade, essa era uma das perguntas mais populares, como se os tubarões adorassem comer alumínio!

Quando tudo terminou, procedeu-se a um "relançamento oficial" do *Acrohc*. O capitão do porto chegou com os comodoros de dois iate clubes e representantes das associações locais da Austrália e da Nova Zelândia, mais os da Marinha de Guerra sul-africana e o prefeito de Durban. Este último era boa gente e, apesar da idade avançada, não hesitou em atravessar a prancha bamboleante para dar uma olhada no interior do *Acrohc*. Ele também me presenteou com a chave da cidade. Além disso, recebi um patrocínio na forma de um novo motor de popa. Era um motor 7,5 HP quase novo, maior do que o antigo, que tinha apenas um ano, mas envelheceu e foi corroído prematuramente, deixando de ser confiável.

Reservei um tempo para conhecer os arredores de Durban, sempre a convite dos residentes. Fiz uma excursão para as aldeias zulus, no Vale das Mil Montanhas. Fomos a uma aldeia própria para turistas, mas pudemos ver várias das verdadeiras no caminho. Eu as achei muito interessantes. Cada uma era composta de um conjunto de cabanas redondas de sapé, dispostas com muita ordem, e circundadas por uma alta cerca trançada. Na via para turistas, pudemos ver como os zulus vivem, como preparam a própria cerveja, além de uma grande mostra de seu artesanato. Aparentemente, cada aldeia tem seu próprio médico-feiticeiro e um aprendiz de médico-feiticeiro, que tem que aprender, entre outras coisas, a ler ossos e a preparar poções, nem todas medicinais...

Admirei-me de constatar que esses zulus, em particular, tinham mantido sua cultura, resistido ao progresso ao redor. Isso é diferente do que aconteceu a muitos outros zulus, que deixaram suas casas e viajaram até as cidades grandes. Nunca me esquecerei da noite que eu permaneci em um bairro zulu.

Diferentemente das aldeias que conheci, o lugar era feio — as casas construídas de varas, taipa e folhas de zinco. Não vi um único painel de vidro, a não ser nos muitos carros abandonados, que emporcalhavam o lugar. Não havia a menor sombra de organização, mas o povo parecia satisfeito de viver naquelas condições, sempre à espera de que o governo lhes providenciasse habitação.

Poucos dias depois de minha visita a esse bairro negro, a luta racial piorou, e, a partir daí, só pude visitar áreas brancas, onde eram frequentes os convites aos *braais*, e pude bater longos papos enquanto esperávamos bistecas assar na grelha. A África do Sul era um lugar complicado.

Tivemos muitas ocasiões gostosas a bordo do *Nanou*. Entre períodos de trabalho, sempre se encontrava tempo para um gole, geralmente com nossos muitos amigos. Bernard, como bom polonês, gosta tanto de vodca quanto eu. Acho que é por isso que somos tão bons amigos.

Minha ciática ainda me aborrecia, mas eu estava aprendendo a conviver com ela. Umas poucas visitas ao massagista aliviaram a pressão apenas de minha carteira. Eu estava precisando mesmo era de um pouco de sol. Durban estava com ventos e frio naquela época do ano.

Dia 5 de outubro, meu aniversário chegou, e o trabalho no *Nanou* terminou. Ele era um iate completo, com uma tripulação de 11 pessoas, e pronto para partir rumo à Cidade do Cabo. Isso merecia uma comemoração. O *Acrohc* estava amarrado ao *Nanou*, e mais de cem pessoas lotaram os dois barcos. Quase todos, é lógico, no *Nanou*, mas o *Acrohc* também fez a parte dele. Bernard resolveu que, como presente de aniversário, nós deveríamos quebrar o recorde anterior de nove pessoas a bordo do *Acrohc*. Arranjamos 14 voluntários, com Bernard e eu pendurados no mastro — na verdade, ainda havia lugar para mais alguns no convés.

Cinco páginas do meu diário de bordo foram preenchidas com votos de felicidade, nomes e endereços, e um belo desenho detalhado do *Acrohc* foi feito por um dos meus novos amigos, Gerry. Ele era um fanático por barcos de madeira, e eu senti que ele tinha acrescentado seu pendor por madeira no *Acrohc* que ele desenhou.

Fui muito bem recebido em Durban. Os sul-africanos estão muito envolvidos com náutica, e provavelmente por isso fui tão bem tratado. A mídia também esteve muito entusiasmada. Sair na primeira página de um jornal ou revista é sempre muito lisonjeiro, e, na África do Sul, eu saí meia dúzia de vezes.

Quando terminaram as comemorações de despedida, o *Acrohc* e o *Nanou* foram aprestados, e nós planejamos nos encontrar novamente em East London. Aquela etapa envolvia apenas 240 milhas de velejar costeiro, mas qualquer um que conheça a costa sul-africana teria muita cautela. Nós estivemos em Durban tempo bastante para receber um monte de conselhos e nos familiarizar com os padrões de tempo local, que funcionavam assim: por cerca de uma semana, o vento que vem do oeste soprava na direção oposta à da corrente que passa ao largo da costa. Então, por dois ou três dias, o vento passava a vir do Nordeste, indo na mesma direção da corrente. Era aí que nós tínhamos que manobrar, antes que ele mudasse novamente e repetisse o padrão, soprando contra a corrente e criando ondas suficientemente altas para impedir que até mesmo um cargueiro conseguisse seguir em frente. Se eu fosse apanhado nessas condições, uma opção seria velejar bem perto da costa para evitar a corrente, o que não me agradava muito, porque isso significava manter atenção permanente. A outra opção seria escapar da corrente fugindo da costa, mas aí eu encontraria a corrente de leste mais ao sul e, com ventos inesperados, eu poderia acabar empurrado de volta para Maurício. Nenhuma das duas era a ideal. Para essa próxima etapa, seria necessário um bom planejamento e um bocado de sorte!

Nanou e *Acrohc* foram escoltados até fora do porto por muitos barcos de amigos. Fora do porto, um barco de alto-mar chegou perto do *Acrohc*, o pessoal de bordo acenou e tirou fotos, e, embora eu ache que tenha reconhecido algumas pessoas, nunca vim a saber se aquilo era um cruzeiro organizado como um bota-fora ou se foi pura coincidência. De qualquer maneira, respondi aos acenos e rapidamente fechei a gaiuta, porque o vento estava soprando com muita força. O *Nanou* parecia estar velejando bem em sua viagem inaugural, e eu só imaginava o tamanho da empolgação de Bernard — pilotar um barco novo pela primeira vez é sempre um acontecimento a ser relembrado. Meia hora mais tarde, ele já tinha sumido de vista.

O tempo estava sendo generoso conosco, e havia vento à vontade, mas eu não tinha intenção de facilitar e usei meu novo motor de popa para ir ainda mais rápido. Eu esperava chegar a East London antes que o vento mudasse. Naquele ano, uma frota de trinta iates de regata foi pega pelo vento oeste; só um conseguiu terminar a corrida. Alguns perderam seus mastros, e um desapareceu completamente, mas eu não precisava ter-me preocupado. Com os fortes ventos favoráveis, o *Acrohc* não fazia menos do que três nós, apesar do mar picado e, às vezes, até sem vela alguma. No entanto, o mar estava agitado, e eu não pude deixar de me preocupar pelo *Nanou*. Bernard e Nadine tinham um bocado de experiência no mar, mas o *Nanou* era um iate novo. O *Acrohc* alcançou o porto de East London naquela noite, às vinte horas. Atravessamos a rebentação no escuro, entre os quebra-mares, e logo alcançamos as águas calmas do rio.

No porto, uma lancha naval me localizou e me indicou onde eu poderia amarrar o barco. Não havia sinal do *Nanou*, e acabei ainda mais preocupado com eles. Fiquei aliviado por ter feito o percurso sem ser pego pelos ventos a oeste, mas o restante da viagem até a Cidade do Cabo poderia ser diferente.

Um homem chamado Otto me encontrou no embarcadouro. Ele me ajudou a amarrar o *Acrohc* no costado de um outro iate e, a seguir, me encaminhou até o iate clube, onde eu estava sendo esperado. Era um clube pequeno, mas que recepção! A melhor até então. Fui o convidado de honra na cerimônia de inauguração da estação de vela do clube.

Fiquei em East London por três dias antes de sair para Porto Elizabeth, o próximo porto bom. Havia ainda o risco de mau tempo, mas a corrente não estava tão forte e os ventos contrários não criariam as ondas gigantes, com as quais eu estava preocupado.

Quando larguei, a mesma lancha que me recebera agora me escoltou para fora do porto. Ela me acompanhou por cerca de uma milha, mar agitado adentro, então a tripulação sinalizou e deram meia-volta. Entretanto, eu não estava completamente só; alguns navios passam por lá, e eu sabia que teria que ser supercuidadoso. Em algum lugar dessas águas, o iate *Supercilious*, de um amigo venezuelano, colidiu com um cargueiro, apesar de ter uma tripulação de cinco pessoas para manter vigia. Por sorte, eles só tiveram pequenos danos, mas, com mau tempo e baixa visibilidade, tudo pode acontecer. Que chances eu teria? Quanto mais cedo eu pudesse chegar ao próximo porto, melhor.

Dessa vez, o vento se entusiasmou, e tive que usar muito o motor. Enquanto andava a motor contra o vento, meu sistema de direcionamento — piloto automático — não funcionava, e eu tinha que ficar firme no leme, brigando contra o mar picado todo o tempo. Era desconfortável e cansativo. Já no meio da primeira noite, não aguentei mais e virei o barco em sentido oposto à costa, para poder dormir um pouco. Eu nem queria saber onde iríamos parar, contanto que eu pudesse me deitar um pouco e ficar de olhos fechados. De alguma maneira, nós nos livramos de ser abalroados por um navio enquanto eu dormia, e, na manhã seguinte, retomei o curso para Porto Elizabeth.

Inicialmente não havia vento, e então apareceram ventos contrários — parecia que não íamos a lugar nenhum. Mais tarde, baixou uma cerração densa e, com a consequente baixa visibilidade, escapamos por um triz de colidir com um navio, o que me fez concluir que do próximo não iríamos escapar. Mas, na noite quase sem vento, eu continuava cansado o suficiente para relaxar meu sistema de vigia a cada meia hora e fui vencido pelo sono.

No dia seguinte, o motor "aprontou", e, somente à custa de muitas partidas e "morridas", conseguimos chegar a Porto Elizabeth. A meio caminho do cais, já dentro do porto, encontrei Olivier e Jacky, dois tripulantes do *Nanou*, em seu escaler. Eu havia me preocupado com eles à toa. O tempo ruim fez com que eles ultrapassassem East London. Fiquei contente de revê-los, e a vodca não foi poupada.

Os repórteres também não me pouparam.

— Por que você atrasou? — eles me perguntaram. — Se você conseguiu fazer até East London em 52 horas, por que levou mais de três dias para fazer a mesma distância até aqui?

Já havia sido noticiado nos jornais que eu deveria ter dado meia--volta por causa do mau tempo. Eu quase tive que pedir desculpas aos repórteres por tê-los desapontado tanto e eles não poderem noticiar que o *Acrohc* tinha sido estraçalhado por algum navio, ou outra coisa qualquer que pudesse ter acontecido.

O iate clube de Porto Elizabeth não foi tão amigável quanto o de East London, mas deixaram que eu usasse o seu guindaste e me ajudaram a tirar o *Acrohc* da água, para que eu pudesse inspecionar o casco. Uma companhia de Durban, fabricante de tintas, havia me patrocinado uma pintura antiaderente para ele, cuja aplicação deveria durar três anos, mas, muito pelo contrário, as algas e cracas mais pareciam apreciá-la. Um casco sujo poderia nos fazer perder um ou dois nós; às vezes, isso era mais que metade de sua velocidade.

Umas 12 pessoas, principalmente tripulantes do *Nanou*, me ajudaram a raspar o casco, e prometi ao *Acrohc* uma nova demão de antiaderente quando chegássemos à Cidade do Cabo. Parece que ele se sentiu feliz com isso.

Depois de três dias, *Acrohc* e *Nanou* estavam prontos para largar, e combinamos de nos encontrar novamente em Knysna, o porto seguinte. Logo cedo naquela manhã, encontramos bons ventos do Sul, e o *Nanou*, que era muito mais rápido, prontamente desapareceu de vista. Embora o mar estivesse meio agitado, deu para velejar bem todo o primeiro dia e à noite. Na manhã seguinte, não havia qualquer vento, e eu até teria dormido um pouco mais, não fossem as vigias estranhamente brancas —cerração no cardápio! E estava densa de verdade, com visibilidade de cem metros apenas. Mas eu não estava muito preocupado, sabendo que, se houvesse mais alguém naquela cegueira, estaria pendurado no radar. Mais tarde, naquela manhã, a cerração levantou, mas foi seguida de chuva, depois de ventos contrários, depois de calmaria.

Essas condições continuaram até próximo a Knysna, e, por isso, resolvi não aportar. Eu queria avisar o pessoal do *Nanou* sobre a mudança de meus planos, mas eles não tinham rádio. A entrada do porto em Knysna é cheia de dificuldades, e eu nunca entendi como Joshua Slocum conseguiu entrar e sair só à força de velas; eu tinha um motor e não topei a parada. É impressionante como a gente fica acomodado. Quanto mais deixamos nossa vida confortável, mais frouxos ficamos. Por exemplo, disseram-me que, havia mais de cem anos, o povo na Itália ainda não dispunha de um calendário pendurado na parede para saber que dia era; entretanto, eles podiam antecipar em que dia da semana cairia, por exemplo, o Natal, por meio de alguns cálculos de cabeça, tendo as fases da lua como referência. Eu estaria perdido sem um calendário — e hoje teria que ser digital.

Voltando à história, Joshua Slocum foi o primeiro homem a circum-navegar o mundo sozinho. Ele fez isso em 1890, no *Spray*, um iate de 36 pés (10,94 metros), de mastro escorado. Eu o admirei de verdade, porque, embora o *Spray* fosse maior que o *Acrohc*, ele conseguiu realizar seu objetivo sem nenhum auxílio moderno de navegação, como RDF ou um radiotransmissor e receptor. Uma interessante comparação é que, para obter a hora certa, eu posso recorrer ao meu relógio digital ou usar o rádio de ondas curtas. Joshua Slocum, por sua vez, tinha um relógio de corda, e ainda faltando um ponteiro.

De todo jeito, velejei para Mossel Bay. Já estava ficando saturado daquela costa, com suas condições hostis e tempo frio, mas eu não tinha escolha — era muito mais seguro dirigir-me para o porto mais próximo do que assumir riscos desnecessários, e, no final das contas, ele estava a apenas um par de dias de distância.

Quando cheguei a Mossel Bay, passei um rádio para saber onde amarrar o barco. Fui informado para amarrá-lo a dois barcos já no cais. Eram vinte horas, e não havia ninguém por perto. Nada de repórteres, nenhuma multidão de curiosos, nem mesmo os proprietários dos dois iates ou o homem anônimo que respondeu meu rádio. Eu tinha que comemorar aquilo e fui para um restaurante.

De lá, telefonei para o iate clube de Knysna para ver se eles sabiam o paradeiro do *Nanou*, mas ninguém sabia nem tinha ouvido nada. Fiquei preocupado, porque não havia bons portos antes da Cidade do Cabo, que ficava bem distante. Entretanto, o sujeito com quem eu tinha falado me informou que lá iria começar a Festa da Cerveja. Eu não queria perdê-la e, a par disso, desejava visitar o lugar, que me disseram ser bonito. Resolvi, pois, voltar lá de carro e tive a sorte de pegar uma carona com o capitão do porto.

Rodamos duas horas pelo belo litoral, e acabamos chegando ao Vale Knysna, onde crescem altas árvores nas margens de uma lagoa. A entrada do mar para a lagoa é uma abertura estreita, uma espécie de trincheira natural em uma montanha, com muitas rochas meio submersas espalhadas, onde as ondas vêm quebrar. Mais uma vez, alegrei-me por não ter tentado velejar através desse canal e, até agora, não consegui compreender como Slocum o conseguiu.

Diverti-me na Festa da Cerveja e, na manhã seguinte, consegui uma carona para voltar a Mossel Bay. Estava ansioso por chegar à Cidade do Cabo e liquidar esse trecho particularmente desagradável da costa.

Comprei mais combustível e desejei boa sorte ao *Acrohc* para a próxima etapa. Ela nos levaria para além do cabo das Agulhas, que tem má reputação, e até o cabo da Boa Esperança — também chamado, com muita razão, de cabo das Tormentas. O cabo da Boa Esperança fica onde a corrente do oceano Índico encontra de frente a corrente vinda do Atlântico. Acrescente a isso uma tempestade, e aí você terá complicações, sem falar no perigo do tráfego pesado de navios.

Deixei Mossel Bay no dia 20 de outubro e entrei em mar camarada. Foi bom navegar assim por todo aquele primeiro dia e noite. Porém, choveu, e o tempo começou a esfriar. Pela noite toda, mantive meu esquema de vigia de dormir uma hora de cada vez.

No segundo dia, descobri que minha bateria estava a zero. Da mesma maneira, já não fazia sol havia algumas semanas. Então, estávamos sem luz, inclusive as de navegação. O vento tinha aumentado e já tinha força de ventania, e as ondas de até cinco metros tornaram o sono difícil. Eu ainda estava a uma distância segura do cabo das Agulhas, mas, mesmo sabendo disso, não consegui dormir tranquilo.

Na manhã seguinte, com o mar um pouco mais calmo, consegui fazer funcionar o motor para carregar a bateria. As ondas ainda eram grandes e, volta e meia, o motor submergia completamente, mas continuou funcionando.

Eu vinha mantendo um afastamento da costa de cerca de 15 milhas, por motivos de segurança, navegando por RDF ou visual, sempre que a linha da costa era visível. Depois de o vento permanecer razoável por um par de horas, ele retomou a força de ventania. Quando acalmou, avistei o cabo das Agulhas (era uma situação de "agora estou enxergando/agora já não enxergo mais") e sabia, então, que estava apenas um dia distante do cabo da Boa Esperança. Naquela noite, o vento esteve bom para velejar rápido, mas desconfortável para dormir, e eu já estava começando a ficar muito cansado.

O dia seguinte poderia ser comparado a um dia no inferno. Estávamos ao sul do cabo da Boa Esperança, e as ondas embatiam-se em todas as direções. O vento soprava de Sudoeste, mas tinha pouca influência sobre as ondas, que faziam o que queriam. De um jeito ou de outro, o *Acrohc* ainda conseguia brigar para andar para a frente.

Exatamente às cinco horas da manhã, eu avistei o temido cabo da Boa Esperança e as montanhas que se elevam por trás. Foi um momento do qual sempre me lembrarei, não tanto pela vista propriamente dita, mas muito mais pela grande agitação do mar. Antes, eu achava que o tempo estava frio, mas, naquele momento, entrando no Atlântico, ficou ainda mais, pelas correntes vindas da Antártica.

Eu havia planejado navegar ao abrigo das montanhas, na esperança de que, de alguma maneira, elas quebrassem a força do vento, mas ele estava soprando mais forte do que nunca. As ondas se tornaram mais regulares, embora tivessem até cinco metros de altura, ou pelo menos era essa a altura que eu estimava — é sempre difícil avaliar o tamanho das ondas de dentro de um barco —, mas, de repente, um navio de cabotagem passou a poucos metros do *Acrohc* e, quando eu me recobrei do choque, descobri que as ondas eram muito, mas muito, mais altas do que eu tinha avaliado. O *Acrohc* subia e descia com as ondas, mas esse navio as ia furando, com a proa constantemente sob água. As ondas deviam ter perto de dez metros de altura!

Faltavam ainda quarenta milhas para chegar à baía da Mesa, da Cidade do Cabo, e ao conforto do porto. Os ventos estavam bons, e nós fizemos bom progresso durante o dia, mas me preocupava de ter que entrar na baía. Eu estava contando com o motor para me ajudar.

Finalmente, alcancei a entrada da baía, pouco antes de anoitecer, e entrei de frente ao vento. Depois de dez minutos em que não fizemos nenhum progresso, o motor parou de vez, talvez como resultado de ter ficado tanto tempo debaixo de água. O vento agora soprava a cinquenta nós, e, para entrar na baía, eu tinha de velejar contra ele. Procurei me animar com o pensamento de que conseguiria velejar, uma vez dentro da baía. Enquanto isso, nada havia a fazer, a não ser bordejar contra o vento até que alguma coisa mudasse e reduzir vela à medida que o vento aumentasse. No entanto, eu tive que reduzir tanto a vela que mal conseguia manter a minha posição. Foi aí que o vento chegou a sessenta nós e continuava a aumentar.

Essa era a quarta noite quase sem dormir. Sentia-me realmente cansado, e estava ficando mais frio, até que enfim cheguei ao meio da baía. Nós ainda estávamos velejando em uma direção por umas duas milhas, virando antes de bater nos rochedos e, então, invertendo o curso. Não conseguia aproximar-me do porto, mas, pelo menos, não estávamos sendo empurrados para o mar.

Passou da meia-noite, e continuávamos na mesma. Havia rochedos dos dois lados da baía, e eu precisava manter-me acordado. Faltava uma hora para eu inverter o curso, e encostei a cabeça em uma almofada, fechando os olhos. Fiz prodígios para não dormir e me distraí com pensamentos em uma mudança de vento.

Nessa altura, o vento já soprava a uns setenta nós e continuava a aumentar. O *Acrohc* chegava a inclinar 45 graus, e eu não podia reduzir mais a vela, porque aí ficava a zero; o barco precisava dela, nem que fosse só um pouquinho, para permanecer em movimento.

Eu procurava fazer uma boa vigia, mas tudo o que conseguia ver eram as luzes da cidade a distância. Por causa da espuma no ar, eu não podia avistar nem mesmo as praias e também não queria sair da cabine para ter visão melhor; estava muito frio. Até aquele momento, eu tinha conseguido manter-me seco e pretendia continuar assim.

Depois de batalhar por seis horas, o porto ainda estava a mais de uma milha, e eu continuava na mesma posição. Entretanto, eu jamais iria virar para trás e acabar quem sabe onde, mas também não queria pedir socorro. Isso significava ir ao convés para amarrar um cabo para reboque, o que me deixaria encharcado e congelado: estava fora de cogitação! Para manter a cabine aquecida, eu já tinha acendido o fogareiro e colocado uma panela invertida sobre a chama — isso funcionava como aquecedor. Certamente eu não pediria socorro. Eu tinha me metido nessa situação por minha própria vontade; como poderia envolver outras pessoas em minha bagunça? O vento tinha que mudar em algum momento. Era só esperar, logo seria dia, e as coisas melhorariam; pelo menos, eu poderia enxergar.

Dei mais um bordejo, recostei-me, cobri-me com um cobertor, descansei a cabeça em uma almofada e fechei os olhos. Várias vezes murmurei para mim mesmo: "Ei, você aí, você está dormindo. Quem está vigiando os rochedos?" E eu respondia: "Não, não estou dormindo. Pode ver... estou só descansando meus olhos. Estou tão cansado. Está vendo? Estou acordado..."

Às quatro da manhã, ouvi e senti um barulhão: era a quilha indo de encontro às rochas. O *Acrohc* arrastou a quilha sobre elas, virando de lado, e, pela vigia, eu vi a praia vindo em nossa direção. Com um raspão prolongado, batemos nela. A onda seguinte nos arrastou mais um pouco, e, quando abri a gaiuta, que estava então na minha lateral, senti uma outra onda empurrando o *Acrohc* mais para a areia. A maré estava na vazante, e, em pouco tempo, o *Acrohc* estava estendido na praia, fora do alcance das ondas. Eu nem me dispus a sair. Fechei a gaiuta, puxei uma almofada para debaixo de minha cabeça e dormi em cima da cozinha!

Como já disse anteriormente, que dia infernal foi aquele. E parece que não foi só para mim, mas também para a Cidade do Cabo. Nos meses de verão, ela costuma ser acossada por ventos de até sessenta nós, chamados "Sudeste". Esses ventos atingem as montanhas que ficam por trás da cidade, ganhando força à medida que afunilam ao passar pelo vale. Instantes antes de atingir a cidade, eles disparam por sobre a montanha da Mesa, assim chamada pelo seu topo plano, de vários quilômetros de extensão. Pode-se ver, com frequência, uma camada de nuvens deslizando encosta abaixo, como se fosse uma toalha de mesa. Essas nuvens brancas que "transbordam" geralmente precedem o "Sudeste", mas, naquele dia, o "Sudeste" se superou e foi chamado de "Sudeste Negro".

Ele soprou a cerca de oitenta nós, o vendaval mais forte que a cidade viu em muitos anos, e causou danos espetaculares: janelas estilhaçadas, árvores arrancadas, carros tombados e muitos iates arrancados de suas amarras. Houve o caso de um muro que foi derrubado sobre 14 carros. Naquele dia, pessoas voaram sem ter asas.

Eu não fui o único a pegar esse tempo maravilhoso para velejar. A frota de maxi-iates, participando da Regata Whitbread ao Redor do Mundo, também estava aproximando-se da Cidade do Cabo nessa ocasião, e nem todos tiveram a sorte que eu tive. Um deles chegou sem um mastro, e outro, com o mastro torto; só alguns sobreviveram incólumes.

Voltando à praia Blouberg, onde eu havia encalhado, no momento em que eu estava congelado e ainda tentando dormir, um garoto apareceu xeretando. Ele não disse muita coisa, mas me perguntou qual era o problema. Lembro-me de ter dado uma resposta atravessada, e ele desapareceu. Ele deve ter chamado a polícia, que foi a próxima a aparecer em cena. Em seguida, vieram os repórteres e, depois, o serviço de salvamento marítimo, mas daí em diante deixou de ser um trabalho de salvamento marítimo: por causa da sequência de rochedos agora expostos pela maré baixa, seria impossível tentar puxar o *Acrohc* de volta à água, e, além do mais, o vento ainda soprava muito forte — e assim continuou por mais uma semana.

Levaram-me para o iate clube, a uns vinte quilômetros de distância, para estudar um plano de ataque. Eles me deram café e sanduíches, enquanto alguém saiu para chamar a tripulação do *Nanou*, o que foi uma grata surpresa. Devido ao mau tempo no último porto, eles vieram direto para a Cidade do Cabo. Bernard chegou, e com a garrafa de vodca, para o caso de eu estar ferido.

Àquela altura, o lugar estava despertando, e gente de todo lado começou a aparecer para ajudar. Resolvemos que o *Acrohc* deveria ser levado ao clube pela estrada. Antes que eu soubesse disso, já estavam lá um veículo de tração nas quatro rodas, uma carreta e um guindaste móvel, a minha disposição. Seis carros lotados de gente voltaram para junto do *Acrohc*. Metade era de voluntários para fazer força, e a outra metade era de repórteres.

Era necessário agir rápido, antes que a maré subisse novamente. Primeiro, era preciso levar o *Acrohc* mais para cima, na praia, e nós o aliviamos do mastro e de tudo o mais para torná-lo mais leve. Depois, com todo mundo empurrando, o tração-quatro-rodas arrastou-o praia acima, até junto da estrada, de modo que o guindaste pudesse erguê-lo sobre a carreta. A operação foi um sucesso completo, e, à tarde, o *Acrohc* já estava no pátio do clube.

A única marca que ficou do encalhe foi um arranhão redondo, de 15 centímetros de diâmetro, do lado esquerdo, quando ele raspou na praia, ao encalhar. A quilha, sendo um tubo de liga metálica cheio de chumbo, não ficou com nenhum sinal por raspar nos rochedos. Então, o que eu tive que fazer foi colocar tudo de volta no lugar e dar um retoque na pintura. Menos de uma semana depois, ele estava na água mais uma vez, com uma nova demão de proteção no casco e pronto para partir.

De volta ao mar, o *Acrohc* foi amarrado ao *Nanou*, e Bernard e eu fizemos planos para deixar a Cidade do Cabo depois da saída do pessoal da Regata Whitbread. Isso nos deu um pouco mais de um mês para organizar a próxima etapa e conhecer bem a Cidade do Cabo.

O iate clube local era confortável, a atmosfera era amiga, e eu teria ficado feliz em passar meu tempo lá ou a bordo do *Nanou*, mas fui "raptado" por uma repórter logo após minha chegada à Cidade do Cabo. Não que eu me queixe disso, pois, nas horas de folga, Melissa me levou para conhecer todos os lugares interessantes. Fizemos um passeio ao famoso platô da montanha da Mesa e percorremos todos os belos arredores, onde se produz muito vinho — aliás, um bom vinho. Passamos bastante tempo juntos e, diferentemente do que tínhamos combinado antes, ficamos muito envolvidos. Mas, como este livro não é uma história de amor, voltemos à navegação.

Todos os famosos competidores da Whitbread estiveram na Cidade do Cabo naquele período, e, por isso, lá havia repórteres de todo o mundo. Quando eles viam o *Acrohc*, naturalmente, queriam ouvir uma história.

Certo dia, fui procurado por um jornalista de uma revista francesa. Como pensei que ele pertencesse a uma revista que havia rejeitado um artigo meu, aconselhei-o, de uma maneira nada polida, sobre o que ele poderia fazer com sua caderneta de anotações. Entretanto, ele insistiu em que eles nunca haviam recebido nada. Conferi as minhas anotações e concluí, com certeza, que eu havia enviado o artigo para outra revista concorrente. Fiquei com a cara no chão, mas ele foi compreensivo e chegamos a um acordo para eles publicarem as histórias que eu enviaria a partir daquela data.

Assim, eu estava vendendo meus relatos a uma revista francesa e a outra australiana. Enquanto estive na Cidade do Cabo, consegui vender um pequeno artigo a uma revista local. Não ganhei grande coisa, mas estava com o caixa melhor do que quando parti.

Conheci muita gente da comunidade local de iatistas e também as tripulações dos competidores da Whitbread, com quem era muito interessante conversar. Impressionei-me com o tamanho dos barcos, mas eles me pareceram não ser tão resistentes quanto deveriam ser.

Lá encontrei e conheci também Joshua Taylor, um senhor de 76 anos que estava velejando pelo mundo, quase sempre sozinho, em seu iate, o *Comitan*. Nós até hoje mantemos contato, e tenho muito orgulho de tê-lo conhecido. Meu sonho era chegar aos setenta como ele — em condições de estar velejando por aí.

Outro barco que estava na Cidade do Cabo quando eu lá estive foi o *Glory*. Era de propriedade do senhor Henry Pigott e eu já o tinha visto quando estava em Darwin, na Austrália. Era um iate pequeno, com pouco menos de vinte pés, um motor de centro e muito espaço para seu tamanho. Sua vela era do tipo junco, mas eu não percebi na ocasião, porque o barco estava em terra, protegido para a estação dos ciclones, e seu mastro estava removido. Não havia conhecido o senhor Henry até então, porque ele estava na Inglaterra, matando a saudade da família.

Certa manhã, no clube, fui avisado de que havia alguém me procurando. Era nada mais nada menos do que o senhor Henry, que finalmente tinha me alcançado. Ele me contou que também estava estabelecendo um recorde, o de menor barco a circum-navegar o mundo sozinho. Eu também estava atrás do recorde de menor barco a fazer isso, mas, na verdade, eu iria bater o recorde dele ao mesmo tempo, embora isso não fosse meu objetivo. Isso me chateou um bocado, mas ele não se aborreceu muito. Como ele iria completar sua circum-navegação dali a uns meses e eu tinha mais de um ano de navegação até completar a minha, o recorde pertenceria a ele por algum tempo.

Da mesma maneira que com Joshua, Henry e eu tínhamos os mesmos tipos de casos para contar. Nós vivíamos no mesmo modelo de mundo; havia "nós", e havia "os outros". Senti-me do mesmo jeito em Darwin, quando conheci Gerard e Philippe. Gerard havia navegado em um barco inflável, equipado com velas e motor, de Sydney até Darwin. Ele gastou muito dinheiro preparando o barco inflável e pretendia fazer um vídeo sobre a costa australiana, para financiar sua viagem costeira. Mas, em Darwin, por razões que só ele sabe, acabou desistindo. No entanto, a busca por aventura era parte de seu ser, e, quando saí de Darwin, ele já estava planejando outra viagem nos mesmos padrões.

Philippe, quando o encontrei em Darwin, estava casado e simplesmente velejando por aí em um iate. Entretanto, quando mais jovem, ele e um amigo haviam navegado da Indonésia até Darwin em uma piroga — a ideia de fazer um percurso longo em uma canoa tipo catamarã me é muito apelativa. Pode ser que um dia eu venha a considerá-la...

Outro iate que encontrei na Cidade do Cabo foi o *Mallamoc*, que era tripulado por um casal, François e Anne-Marie, e sua filhinha de dois anos, Silvie. Ela não conseguia pronunciar *Acrohc* e, por isso, chamava o barco de *Pequeno Mallamoc*. François e Anne-Marie eram originalmente da França e estiveram trabalhando em Noumea, na Nova Caledônia, fornecendo noticiário para a RTF (Radio et Télévision Française). Eles foram transferidos de Noumea para a Guiana Francesa e estavam a caminho. Ficaram só uns dias na Cidade do Cabo, mas, quando cheguei à Guiana, pude conhecer melhor aquela família. Eles me disseram que Silvie não se importava de navegar e, na realidade, chegava até a dar uma mão.

A Regata Whitbread estava ativa novamente, e levei o *Acrohc* até o meio da baía para ver a saída dos grandes iates. *Nanou* e *Acrohc* também estavam quase prontos para partir. Tive que cuidar de uns detalhes finais, tais como selecionar as cartas de navegação. Eu tinha tantas cartas entulhando a mesa de mapas que já não estava dando mais para pegá-las. Assim, mandei as antigas para casa, juntamente com a papelada acumulada.

Todos os produtos alimentícios que eu havia guardado desde que me abasteci em Darwin foram doados à gente pobre de Maurício, Madagascar e Durban. Cerca de duzentas latas de mantimento, entre farinha, cereais e leite em pó. De qualquer modo, eu não poderia ficar com esses víveres, que já tinham um ano, e não podia arriscar uma intoxicação alimentar em alto-mar. Foi assim que saí da África do Sul com suprimentos frescos. Dessa vez, eu tinha um conhecimento melhor do que necessitaria e fui mais moderado no supermercado. Comprei bastantes vegetais e frutas, mas reservei um lugar para algumas garrafas que comprei no *duty-free*.

Enfim, estávamos prontos. *Nanou* ia por uma rota diferente: diretamente para o Rio, para o Carnaval, depois iriam subir a costa do Brasil, e tínhamos esperança de nos reencontrar. Eu pretendia seguir a corrente e os ventos alísios que levam ao norte do Brasil, indo via ilha de Santa Helena.

Era dezembro de 1985, e já fazia 18 meses que eu havia iniciado minha viagem. Se os ventos soprassem conforme a previsão, eu estaria em Santa Helena logo depois do Natal. Faltavam apenas 1.800 milhas para ver alguém novamente!

Capítulo 7

O ATLÂNTICO

De alguma maneira, eu estava alegre por deixar para trás aquela cidade fria e cheia de ventos e ansioso para conhecer um lugar novo e diferente. Mas eu também estava triste. Passei um tempo agradável na África do Sul e fui muito bem tratado pelos sul-africanos. Brancos e pretos, todos eles eram gente boa, e eu acho vergonhoso que o país tenha sofrido por causa da grande tensão racial. Tenho esperança de que um dia eles encontrem uma solução.

Era madrugada, o vento estava bom, e estávamos liberados para sair do país. *Nanou* e *Acrohc* saíram juntos do porto, mas logo eu fiquei para trás. Um aspecto negativo de um cruzeiro desses é que você faz bons amigos nos vários portos, mas as chances de reencontrá-los são muito pequenas. No início, encontrei muitos navios na área, mas, depois de alguns dias, fiquei completamente só, com ventos favoráveis, mas muito fortes, fazendo o *Acrohc* solavancar naquele mar frio e picado.

A navegação estava desconfortável, mas avançávamos a três nós e íamos bem, até que uma onda gigantesca surgiu, ninguém sabe de onde, e caiu em cima do *Acrohc*, quase o emborcando. Eu estava com o barco todo fechado por causa do frio, mas não tinha passado o trinco na vigia e ela abriu, deixando entrar uma golfada de água na cabine. Muita coisa ficou encharcada, inclusive meu despertador elétrico, que nunca mais funcionou. O ecobatímetro novo que eu havia comprado na Cidade do Cabo também levou água, mas o desmontei mais tarde e borrifei com óleo lubrificante. Ele continuou a funcionar razoavelmente bem. Os cobertores e travesseiros molhados tiveram que esperar pelo sol.

No oitavo dia de viagem, acabaram-se os meus cigarros, e, dessa vez, jurei que deixaria de fumar para valer. Para quê? Cada vez que eu parava em um porto, começava de novo. No dia seguinte, o sol apareceu de verdade, e tentei tirar uma leitura. Já fazia seis meses que eu não usava o sextante, e levei alguns dias para reaprender.

Naquela etapa, senti-me muito só e me encontrei, várias vezes, procurando algo para me ocupar. Sentia falta das visitas dos golfinhos, das aves marinhas e até do peixe-piloto, que me escoltou por pouco tempo e, no 14º dia, acabou me abandonando. Por que o Atlântico Sul estava tão deserto? Lembrei-me de ter visto muitos peixes-voadores nessas mesmas águas, quando passei como passageiro em um transatlântico rumo à Austrália, 14 anos atrás. Naquela ocasião, não havia um só momento monótono, e eu tinha ainda um monte de mordomias a bordo!

Era Natal quando o *Acrohc* cruzou o meridiano de Greenwich, e isso me permitiu comemorar no mesmo dia que os ingleses, tomando uns goles e comendo um pudim de chocolate com calda de chocolate e rum. Mas havia alguma coisa errada. Essa viagem simplesmente não se parecia com as outras. Eu já havia experimentado tempo virado nas etapas anteriores e, portanto, não podia ser isso. Eu não queria ficar sozinho nunca mais. Queria ver minha família e desfrutar de alguns confortos. Comecei a sentir uma vontade danada de desistir desse negócio de "volta ao mundo". Estava enjoado de navegar em um barco tão pequeno, onde eu não podia nem me levantar e dar uma volta ou mesmo tomar uma chuveirada quando desse vontade.

Mas, quanto mais eu pensava em desistir, mais revoltado eu ficava. Eu não podia jogar para o alto tudo que eu havia feito até então. Muita gente estava acompanhando meu progresso, e, mesmo que eu não me incomodasse com o que as pessoas fossem dizer, como é que eu poderia me respeitar, ou ter a coragem de iniciar novos projetos, se eu não levasse aquele até o fim? Eu tinha que ir em frente, simples assim. Afinal, estava a meio caminho de casa, e a pior parte já havia ficado para trás.

Não sei o que realmente provocou essa atitude, mas suspeito que tive muito conforto na Cidade do Cabo. Lá eu fiz um bocado de amigos, e, depois de viver um mês em um apartamento, a vida a bordo do *Acrohc* ficou difícil. Seria amor, talvez? Não, impossível. Eu já tinha ido muito longe e visto muita coisa para me apaixonar por uma garota que havia conhecido apenas por um mês... Será que era esse o problema? Mas eu sabia que, fosse qual fosse a "doença", tinha que superá-la e seguir em frente.

Encontramos todo tipo de tempo ruim do Atlântico, mas pelo menos desfrutávamos de ventos favoráveis. Na véspera de Ano Novo, estávamos próximos de Santa Helena, e escrevi tudo que tinha acontecido naquele dia no diário de bordo — acho que foi só para me manter ocupado. Vou até transcrevê-lo aqui, para que você tenha ideia de um dia típico. Se isso o aborrecer, pule este trecho. Eu entenderei.

"*31 de dezembro de 1985*: Dormi mal por causa da proximidade de terra, acordei muitas vezes para checar. Às 4h30, peguei sinais fracos da RDF de Santa Helena. Café da manhã na cama, e voltei a dormir. Às 8h30, café, dia ensolarado; sentei-me do lado de fora e comi biscoitos. Às 9h30, chá, e então converti o abrigo para a posição sentado; dormi até onze horas. Todo o dia procurando terra, tempo provável de chegada: noite. Das onze ao meio-dia, bebi água, belisquei salgadinhos, rum, café. 12h20, terminei a leitura das coordenadas pelo sextante, posição: 17° Sul 4°45' Oeste. Ainda faltam 65 milhas para chegar a terra. Eita, madrugada! RDF zero às 12h45. Escovei os dentes, levantei a gaiuta, catei o pó de chocolate esparramado, rum. Às 15h30, chá, BBC ainda tocando, o som às vezes nítido. Biscoitos. Às dezessete horas, limpei meu binóculo, e começou a chover. Gaiuta abaixada, reduzi a vela. Noticiário no rádio, mudei de programa. Falso alarme, nada de chuva. Às 15h15, rum; 17h40, ficando frio, fechei a gaiuta; rum, BBC de volta com um monte de notícias; escurecendo, hora de cozinhar. Às vinte horas, acabei de comer macarrão com cebolas e molho de tomate; café, rum, toalete lá fora. 20h20 e ainda não avistei as luzes de Santa Helena. Às 20h30, arrumei a cama; cansado, vou dar umas dormidas e vigiar a terra, no caso de a leitura do sextante ter sido errada. Deixei o ecobatímetro regulado para dar alarme a trinta metros. Meia-noite e meia, ano-novo. Dormi demais, nada de terra. Às 2h30, nada de terra; usando o relógio de cozinha como despertador. Às 3h30, nada de terra; 4h30, nada de terra; 5h30, o RDF deixou de dar bipes e ainda nada de rádio local. Marcha lenta à noite, mas está melhorando. Já é dia; café da manhã.

Às 6h30, toalete. O sol saiu. Cochilei até 7h30, muito cansado e sonolento. Nada de terra. Salgadinhos. Uma chuva esconde o sol, quase sem vento. Velocidade do barco: um nó, primeira vez desde a Cidade do Cabo, tentei rodar o motor: negativo. Começou a chover quando eu estava no meio da limpeza da vela. Às oito, dei uma aparada na barba. Tentei o motor novamente: nada feito. Chuva novamente. São 8h45, e o motor continua negando. Avisto terra a mais ou menos dez milhas. Nada mal, pela leitura do sextante; mais feliz, rum. Finalmente, a Rádio Santa Helena. Às 11h30, procurei dar partida ao motor várias vezes e desisti; comi duas maçãs e tomei um café, xampu e dei uma nadada. Ainda devagar. Um pouco de sol à tarde, cheguei à ilha à meia-noite. Mantendo-me acordado para velejar até Jamestown. Quase sem vento do outro lado da ilha. Muito próximo dos rochedos, mas o mar está calmo. Sem motor, tive que remar um pouco com o pau do *spinnacker*. Às 17h07, ancorei próximo ao *Glory* em vinte metros de água. Cansado."

Aí está. Eu nem sempre bebia tanto, mas era ano-novo e eu estava me aproximando de um novo porto.

Henry Pigott saiu da Cidade do Cabo depois de mim, mas o *Glory* era muito mais rápido e eles chegaram antes. Hoje em dia, a maioria dos iates faz esse trecho em duas ou três semanas, e, por isso, eu não posso reclamar do *Acrohc* pelo tempo de 21 dias.

Na outra manhã, soube que o *Nanou* fez uma volta e aportou em Santa Helena, mas levantou âncora um dia antes de minha chegada. Foi uma vergonha, mas fui consolado pela garrafa de vodca que Bernard me deixou.

Durante aquela primeira semana em Santa Helena, Josh chegou. Ele vinha navegando sozinho, porque não arranjou tripulação na Cidade do Cabo. Não que ele realmente precisasse de uma. Ele já tinha 76 anos, mas era mais capaz do que muitos marinheiros que já conheci. Ele me convidou para um drink a bordo assim que chegou, mas eu sugeri que ele descansasse primeiro. Ele logo contestou: "Quem é que está cansado? O piloto automático fez todo o trabalho. Foi entediante, eu li dez livros durante a viagem." Pode ser por isso que, duas semanas depois, quando deixou Santa Helena, ele estava com um membro na tripulação — uma bela morena de uns trinta anos — e menos livros.

Na semana seguinte, John Snowdon, em seu iate de 25 pés, o *Tarmin*, aportou. Vindo da América, ele estava em sua terceira circum-navegação, e, quando o encontrei, lembrei-me da observação do senhor Henry: "Existem muito mais doidos flutuando do que você pensa."

Eles são todos membros da Sociedade Slocum e me levaram a fazer parte dela. A sociedade mantém seus membros informados do paradeiro de cada um por circulares mensais, o que é uma boa maneira de os iates em cruzeiro manterem contato. Não me arrependo de ter me inscrito e acabei sendo membro vitalício, por completar a circum-navegação.

Tinha planejado passar uma semana em Santa Helena, mas acabei ficando seis. Disseram-me que lá havia um banco onde eu poderia sacar dinheiro. A ilha pertence à Inglaterra, e eu achei que não haveria problemas, pensando que, mesmo que eles não aceitassem meus cartões de crédito, eu conseguiria ao menos uma transferência de dinheiro de casa, via telex. Contudo, o fato é que o banco não sabia nada sobre cartões de crédito e os fundos transferidos via telex por minha família se perderam. Se eu soubesse disso, teria me mandado imediatamente da ilha, uma vez que eu tinha suprimentos suficientes para chegar ao Brasil. No final, a cada dia que eu ficava por lá, mais eu me afundava em dívidas, a maior parte com telefonemas para casa.

Napoleão disse: "Os ingleses me mandaram para morrer neste rochedo." Agora sei como ele se sentiu. Eu, entretanto, não estava em dificuldade nem corria perigo de morrer de fome, porque Ann Sim, dona de um restaurante e senhora muito distinta, me abriu um crédito — e, além disso, havia muita comida no *Acrohc*. Eu ia ao restaurante quase diariamente, para saber se havia novidade com meu telex, e toda vez ouvia a mesma resposta de Ann: "Nada por hoje, meu amor. Você precisa de cigarros? Precisa de dinheiro? Pega essas cinco libras. Amanhã é sábado, e vai haver um baile na cidade. Você devia ir e se divertir um pouco. Já comeu?"

Eu gastava os dias andando pela ilha, que é pequena, mas bonita. É quase toda de rocha vulcânica, mas muito verde e viçosa no centro, especialmente onde se localizava a casa de Napoleão. No entanto, ele não gostava de lá, embora tivesse muitos dos seus generais e membros da família como companhia. Dizem que ele foi envenenado por seu estado-maior, que esperava ser mandado de volta para casa, mas isso nunca foi comprovado. Eu, pessoalmente, acredito que sua úlcera de estômago o matou e me sentia um pouco como ele. Estava preso lá, e minha úlcera começava a me matar também.

Minha úlcera geralmente doía quando eu estava sem barco, mas o meu telex, que não vinha, estava mexendo com meus nervos. Aparentemente, ele acabou batendo em outra ilha Santa Helena — há pelo menos mais cinco —, mas desisti algumas semanas depois. Telefonei ao meu irmão Henry e pedi que ele mandasse um cheque pelo correio para Melissa, na Cidade do Cabo; ela poderia encaminhá-lo para mim, pelo navio mensal que abastece a ilha. Se tudo corresse bem, eu receberia o dinheiro em duas semanas.

Nesse ínterim, procurei manter-me ocupado de qualquer maneira. Dezenas de iates aportam em Santa Helena, a caminho da América ou da Europa, e vários dos que eu encontrei na África do Sul passaram lá. Eu era considerado um bom "conserta-tudo" e muitas vezes ajudei nos reparos de vários barcos. Era impressionante a quantidade de iates que tinham alguma coisa quebrada. Muitas vezes pensei em abrir uma oficina de reparo de barcos quando voltasse para casa — meus irmãos haviam fechado o estaleiro apenas dois meses depois de eu ter saído de lá. Eles não conseguiram gostar daquele tipo de trabalho, e eu não podia criticá-los por isso. Afinal, eu também tinha largado essa atividade!

Em uma sexta-feira, quando eu estava voltando de uma pescaria com um dos habitantes da ilha, vi Ann fazendo sinais do cais — melhor dizendo, dos degraus, pois não existe cais na ilha por causa dos constantes vagalhões. Para chegar a terra, é preciso agarrar uma corda pendurada por sobre os degraus e apoiar-se nela mesma enquanto se salta do barco; depois, é preciso puxar o barco para cima. Quando o mar estava brabo, simplesmente não se podia ir à terra! Na realidade, os suprimentos para a ilha vêm só por navio. Eles são transferidos do navio, que ancora ao largo, por batelões, e depois um guindaste leva a carga para a terra. O fato é que Ann estava esperando por nós nos degraus, gritando: "Chegou o dinheiro!"

Eu não estava esperando por ele ainda, porque o navio de suprimentos não havia chegado. Entretanto, o que aconteceu foi que o dinheiro tinha sido mandado para a África do Sul pelo correio e chegou de lá por telex. Esse telex não se perdeu, mas, mesmo assim, eu gostaria de saber o que aconteceu ao primeiro — é possível que ele tenha sido enviado à própria Santa Helena, no paraíso!

Dois dias depois, todas as minhas dívidas e taxas portuárias estavam pagas, recebi de volta meu passaporte — que lá, como em outros lugares, tinha ficado retido na imigração durante minha permanência — e estava pronto para partir. O fim da estação de vela estava muito próximo, e já era tempo de o *Acrohc* dar um ou mais passos em direção à casa.

Dessa vez, não tive dificuldade de me readaptar à vida no mar. A "ancoragem" em Santa Helena tinha sido bem dura, e, no meio do mar, não era muito diferente. Andei pensando em dar uma chegada até Miami, mas o atraso de seis semanas em Santa Helena acabou com esse plano. A estação de vela já estava chegando ao fim, e eu sabia que haveria ciclones no Caribe. Já estava cansado de mau tempo. Queria voltar para casa pelo caminho mais curto e mais fácil.

Como a ilha de Ascensão faz parte de Santa Helena, encontrei lá o mesmo tipo de habitante que em Santa Helena. Eles eram descendentes de negros escravizados de várias etnias. A ilha tinha sido um porto de escala muito popular entre os navios negreiros vindos da África. Muitos dos negros escravizados escaparam lá e fizeram da ilha seu lar. Disseram-me que os locais costumavam ajudar os fugitivos e continuaram a prática até que a escravidão fosse abolida em todos os lugares.

Atualmente, todos vivem bem, e, por ser uma comunidade tão irmanada, não existe pobreza na ilha. Achei os locais muito boa gente, apesar de um pouco acanhados. Mas esse acanhamento ou modéstia é, provavelmente, devido a seu isolamento. Essa é uma ilha que eu quero, com certeza, visitar outra vez.

Voltando ao *Acrohc*, entretanto, ainda faltavam setecentas milhas para chegar a Ascensão. O tempo estava bom, havia aves sobrevoando, o peixe-piloto voltara para nos escoltar, e os golfinhos tornaram a nos visitar.

No segundo dia, resolvi que era hora de pescar e, agora, eu tinha todo o equipamento, porque um fabricante de iscas em Durban me abasteceu com uma linha forte, montada com um amortecedor de borracha, e um grande sortimento de iscas e anzóis. Não havia mais desculpas para fracasso.

Um dourado logo mordeu a isca, e nada arrebentou, para minha surpresa; consegui içá-lo ao convés. Ele tinha mais de um metro, e senti não ter uma lente grande angular em minha câmera. Havia carne o bastante para me sustentar por alguns dias.

Outros dourados continuaram nadando ao redor do *Acrohc*, provavelmente procurando pelo que ficou faltando, e não consegui resistir à tentação de fisgar mais um com meu arpão. Era vergonhoso matar um peixe tão belo, mas eu estava precisando de carne fresca e — é triste dizer — essa é a lei da sobrevivência. Esses peixes mudam de cor, e os dois que eu peguei mudaram de amarelo para azul, dourado e prateado. Nada foi perdido. Comi bastante carne fresca, mas a maior parte eu cortei em filés e pendurei no cordame para secar ou conservei em potes.

Nós continuamos impulsionados pelo vento. Alguns dias eram melhores do que outros, mas, no todo, eu não podia reclamar. Na verdade, houve um dia em que percorremos pouco mais de cem milhas, número próximo a um recorde; de acordo com meu sextante, o melhor percurso coberto em um dia foi de 120 milhas.

Um dia, antes do alvorecer, alguma coisa começou a puxar na linha de arrasto. Era um atum, que era menor, mas muito mais gordo e forte do que um dourado. Três horas mais tarde, eu finalmente consegui amarrá-lo pelo rabo a uma corda a reboque do *Acrohc*, pronto para ser filetado. Mas, primeiramente, eu tinha que me recuperar de uma dor nas costas, que surgiu com o esforço na luta para tirá-lo da água. Ele era mais carnudo do que qualquer dos dourados, mas eu não perdi nada de sua carne e, em poucos dias, ela já tinha acabado. Eu gostava de mordiscar as peças filetadas que estavam secando e, sem perceber, acabei comendo a maior parte delas assim.

Já haviam se passado 11 dias quando avistei a ilha de Ascensão. Como sempre, comecei a procurar por terra muito cedo e, com isso, perdi um bocado de sono sem necessidade. Mas, como eu não tinha confiança em minhas leituras de sextante, era fácil cometer um erro de dez milhas, sobretudo com a embarcação se deslocando rápido e, com isso, me deixando enxergar o horizonte só quando era levantada por uma onda.

Ao cair da noite, já estávamos velejando em volta da ilha. Contatei as autoridades e enfim ancorei onde me haviam indicado, na escuridão total. Normalmente, as autoridades de Ascensão só permitem que os iates permaneçam lá por apenas dois dias, mas isso é suficiente para dar uma olhada geral. É uma ilha pequena, sem habitantes permanentes, mas tanto os ingleses como os americanos mantêm lá suas bases militares. O terreno é todo vulcânico, como em Santa Helena, mas só havia um pouco de vegetação no centro da ilha, sendo o resto constituído de crateras de vulcões extintos.

Existem, porém, centenas de antenas dos mais variados formatos e tamanhos. A ilha é usada como ponto de comunicação, por causa de sua localização no meio do Atlântico Sul. Para mim, era o ponto que representava a metade da viagem. Eu ia navegar meio mundo em dois anos. Veja só, eu tinha gastado seis meses em um cruzeiro ao longo da Grande Barreira de Corais e seis meses na África do Sul; estimei então que, se tudo corresse bem, eu estaria em casa em mais um ano. Parecia muito tempo, mas eu sabia que, dali para frente, ia ser "ladeira abaixo", com exceção de um trecho do Panamá.

As cartas de navegação mostravam ventos favoráveis em todo o percurso, até chegar em casa, e havia uma infinidade de lugares interessantes para ver no caminho. Disseram-me que as ilhas Marquesas eram encantadoras e eu desejava, havia muito tempo, conhecer Tonga. Isso sem falar no Taiti! Também planejei um belo descanso no Brasil, talvez visitando a selva amazônica. Pensando dessa forma, a viagem parecia mais curta... Eu estaria no Brasil dentro de poucas semanas, e, então, haveria só mais um oceano para atravessar.

Meu único arrependimento ao deixar Ascensão foi não ter passado uma noite na praia para ver as tartarugas marinhas botarem ovos na areia. Não tenho jeito de me justificar, pois, embora os degraus para chegar a terra fossem piores do que aqueles de Santa Helena, eu poderia pegar uma carona no escaler de um petroleiro que estava ancorado junto do *Acrohc*. Na hora, eu não tive vontade. É possível que eu quisesse recuperar um sono atrasado. Os ventos estavam bons, assim como a corrente. Eu já antevia a cerveja gelada que iria beber quando chegasse em Natal, a apenas 1.200 milhas.

Ao entardecer, a ilha de Ascensão já estava invisível, e, em seu lugar, havia um belo e enorme arco-íris.

Poucos dias depois, encontramos mar agitado e vento de popa, o que não dava muita estabilidade ao *Acrohc*. Qualquer coisa ficava difícil nessas condições, e dormir logo se tornou um problema — após passar algumas noites em claro, já começava a "ouvir coisas".

Mais quatro dias, e, além de nada ter se modificado, ainda choveu muito. Foi uma carga-d'água de dez minutos, e, quando parou, também se foi o vento. Isso confundiu as ondas, que começavam a arrebentar em todas as direções, colidindo umas com as outras, levantando espuma de dois metros. O *Acrohc* foi apanhado no meio dessa confusão, e, sem vento para estabilizá-lo, fomos jogados para todos os lados. Pouco tempo depois, o vento voltou, mas em direção diferente, enlouquecendo as ondas ainda mais. Nós devíamos estar no cruzamento de duas correntes. À hora do jantar, as coisas tinham se acalmado, e preparei uma refeição simples e quente. Então, vi um navio à frente e, embora não pudesse distinguir em que direção ele ia, tentei contatá-lo. Eles não responderam, e, quando ficamos mais próximos, vi que era um barco de pesca japonês, de linha longa.

No sétimo dia, fui acordado bruscamente por uma espécie de barulho de raspar vindo do convés: um atum de quatro pés fora fisgado na linha de arrasto. Dessa vez, mais experiente, não tive muita dificuldade para içá-lo a bordo. Depois do café da manhã, pus-me a trabalhar nele, colocando-o sobre as manivelas na frente da cabine e amarrando-o pelas extremidades ao cordame, para que não escorregasse de volta à água. O último atum estava saboroso e se conservou bem, de modo que cortei esse do mesmo jeito. Duas horas mais tarde, eu já tinha fatiado toda a carne em longas tiras, que coloquei em uma tigela grande com molho de vinagre, sal e outros temperos, antes de prendê-las em um varal que eu havia feito entre os estais. Eu recolhia a carne à noite e a estendia novamente pela manhã. Desse jeito, em três dias, eu teria muita carne de peixe seca para mordiscar.

Eu já havia pendurado quase um terço da carne nos varais quando me abaixei para pegar mais um filé na tigela e não a encontrei mais. Tinha caído pela borda! Puxa, não queria perder toda aquela carne depois de ter gastado tanto tempo no preparo, e, além do mais, aquela era minha única tigela. Se fosse rápido o bastante, poderia dar uma virada e, com um pouco de sorte, encontraria outra vez a tigela.

Em apenas alguns segundos, colhi a vela e abaixei o motor de popa. Já tinha feito isso antes, quando um outro recipiente que eu usava no café da manhã caiu pela borda e, por experiência, já sabia o que devia fazer. Só que, dessa vez, o motor de popa não quis cooperar e eu até o imaginei dizendo:

— Meu cabo do acelerador está emperrado.

— Mas eu lubrifiquei você na semana passada! — falei alto com ele, e ainda disse umas outras palavras...

— É, mas eu não vou pegar e, por isso, você pode esquecer seu peixe.

Experimentei algumas ameaças:

— Que tal se eu afrouxar esses dois parafusos e largar você aí na água? Afinal, eu venho carregando você ao redor do mundo, e, quando preciso de você, você não pega.

Mas ele continuou sem pegar e resolvi esquecer o peixe, porque, àquela altura, nós já devíamos estar muito longe de onde ele caiu e, tendo que velejar contra o vento, nunca iríamos encontrá-lo. Cheguei a pensar seriamente em soltar o motor na água, mas desisti. Afinal, era apenas um cabo emperrado.

O resto do dia não teve nenhuma novidade, à exceção de uma baleia que apareceu nadando pacificamente em direção oposta à minha.

Na tarde do dia seguinte, não houve vento, mas eu nem me importei, pois isso significava que eu podia descansar e cozinhar uma refeição decente. Naquela noite, eu vi uma luz forte e esperei que fosse um navio — se não fosse, eu estaria no lugar errado. Mas não houve engano: era um navio, provavelmente um dos barcos japoneses procurando suas linhas de pesca. Seu modo de pescar é diferente: eles colocam um monte de anzóis em uma linhada forte, com uma âncora em uma extremidade e uma boia vermelha na outra, lançam tudo isso pela borda e voltam mais tarde para recolher. Um dia, vi três dessas boias vermelhas bem próximas... Você talvez nem acredite se for pensar que o mar é muito grande para encontrar algo como uma boia.

O rádio de ondas curtas era uma boa forma de passar o tempo, à noitinha. Certa noite, peguei um programa sobre o cometa Halley, que aparentemente seria encontrado pelo satélite Giotto. O apresentador disse que o satélite viajava em uma velocidade cinquenta vezes maior do que a velocidade de uma bala. Naquele momento, o *Acrohc* se deslocava a dois nós, e eu teria ficado feliz se ele alcançasse velocidade de uma bala; não precisava ser cinquenta vezes... Fiquei desgostoso, mas, algum tempo depois, eles perderam contato com o satélite, que, ao que parecia, fora atingido por qualquer coisa, e me senti melhor — o *Acrohc* podia ser lento, mas continuava viajando. Claro, também poderíamos ser "atingidos" por um desses barcos de pesca...

O tempo estava mais quente, do jeitinho que eu gosto.

Uma rápida tempestade de chuva me permitiu dar uma boa lavada nos cabelos com xampu, e, embora o tempo tenha permanecido encoberto por alguns dias, as condições para navegação foram boas. Minha nova ocupação à noite era espantar aves marinhas que queriam fazer ninho na minha gaiuta. Até que não me importaria, se elas não brigassem e disputassem o mesmo lugar bem na hora que eu queria dormir. E, como isso acontecia bem em cima da minha cabeça, eu não estava a fim de aguentar. Mesmo quando não estavam brigando, eu ainda sabia que elas estavam lá, por causa daquela coisa branca que escorria pela vigia. Eu não gostava do aspecto da "coisa" e não suportava o cheiro. O melhor jeito de me livrar delas foi empurrá-las para a água com uma vara, no momento em que vinham "aterrissando" no barco. Geralmente, depois de dois mergulhos, elas desistiam.

No 11º dia, o tempo ainda estava bom, e cruzamos a marca da metade do caminho; faltavam ainda seiscentas milhas. Calculei que, se o tempo se mantivesse, estaria saboreando uma cerveja gelada dali a uma semana. Enquanto isso, cozinhei o último dos vegetais frescos que trouxera de Ascensão. Dali para frente, só comida desidratada e enlatada.

O pão durou só sete dias, apesar de tê-lo secado ao sol e pulverizado vinagre para que ele parasse de mofar. Isso, contudo, não era problema, porque eu podia sempre fazer panquecas ou comer biscoitos. Os ovos também não eram problema, eles sempre se conservavam bem. O que eu não conseguia conservar era o vinho. Ele sempre desaparecia!

Naquela tarde, o ar estava fresco, e o *Acrohc* balançava suave e pacificamente. A lua nova, entre milhões de estrelas brilhantes, tinha um belo aspecto, e eu não me preocupava com nada. Estava começando a curtir a navegação. Mas é lógico que todas as coisas boas têm seu fim. Ao cair da noite, o vento foi chegando em rajadas, e o *Acrohc* começou a rolar de tal maneira que não pude dormir. Pela manhã, antes do café, tive que limpar o convés, porque havia meia dúzia de peixes-voadores mortos e fedorentos. O dia estava encoberto, com chuvas ameaçadoras. Estava muito quente para manter a gaiuta fechada, mas com muito vento para montar o aparador de sol, e por isso me queimei, apesar das nuvens. Já estava ficando enjoado com o balanço e ainda tentava cozinhar algo para o jantar.

Todos esses acontecimentos seriam suficientes para fazer com que qualquer pessoa, em pleno juízo, trocasse tudo por uma cadeira em um bar confortável, com ar-condicionado e uma loira sentada em seu colo. Eu, entretanto, não cogitava nem iria desistir da empreitada. Quanto mais eu navegava, menos podia pensar em desistir, e, assim, ia em frente.

Naquela noite, uma bela tempestade caiu sobre nós e continuou nos castigando até a manhã, e levou o dia inteiro para que vento e mar acalmassem. Ao entardecer, o céu estava tão ameaçador quanto na noite anterior, parecendo pronto para começar tudo de novo. Recorri à garrafa de gim, mas a tempestade não veio e, no dia seguinte, tanto ela como eu estávamos calmos.

Nova tarde e, dessa vez, tínhamos um céu claro e vento do Sul, que eu esperava que durasse pelas 250 milhas que faltavam — é claro que não durou.

Comecei a compreender por que os tripulantes de Colombo quiseram jogá-lo pela amurada quando navegaram por essas águas, sobretudo se tivessem tido os mesmos ventos e estivessem navegando à velocidade máxima de meio nó, com as velas continuamente frouxas e com a umidade de uma sauna. Não havia peixes, e era raro ver aves marinhas. De repente, soprava uma ventania com chuva, o vento mudava de direção e soprava a trinta nós ou mais, por cerca de trinta segundos.

Teria sido horrível para mim se eu enfrentasse esse tipo de vento, navegando em uma caravela de velas quadradas e grandes, mas, graças a Colombo, eu, pelo menos, já sabia o que vinha pela frente. Podia ouvir a rádio do Brasil e não tinha tripulação amotinada para me jogar pela borda.

Uma coisa que eu invejava em Colombo era seu timoneiro. Com o vento fraco, meu piloto automático não estava funcionando com eficiência, e saíamos do rumo constantemente. Eu tinha que colocar o *Acrohc* de volta ao rumo certo.

Estávamos avançando tão devagar que eu não queria perder nenhum avanço. Frequentemente dava uma nadada para quebrar a monotonia, mas sempre de olho em uma das pancadas de chuva que, ainda bem, eu avistava chegando, mesmo longe, seja pelas nuvens negras que se aproximavam rapidamente, seja pelo barulho característico da chuva pesada sobre o mar. Quando estava na água, nunca perdia a oportunidade de dar uma limpada no casco.

Naquela tarde, encontrei o *Ravens-Cray*, navio inglês, a caminho do Rio. Foi bom poder conversar com um ser humano, ainda que fosse pelo VHF. Eles me passaram as coordenadas do local, que divergiam da minha em sessenta milhas. Fiquei ligeiramente em pânico no momento, mas, refazendo os cálculos, descobri meu erro: o sol estava passando agora ao norte do Equador, o que alterava bastante o método de cálculo.

Durante a noite, levantei de um pulo quando ouvi ruídos de motor. Era um navio que ia para o norte e passou apenas cem metros à frente do *Acrohc*. Eu não estava com luzes de navegação, porque a minha bateria não aguentava mantê-las todas as noites. Para isso, precisaria de um painel de fotocélulas bem maior, de pelo menos três ampères, e tudo que eu tinha era um painel de 30 × 30 centímetros, o que dava apenas 0,5 ampère. Talvez tenha sido burrice economizar umas poucas centenas de dólares comprando o menor painel, porque eu sabia que a maioria dos navios cargueiros não mantém vigia no mar aberto. Suas rotas são traçadas por um computador central, de modo que eles não se choquem. É muito azar se alguém estiver em um iate e acontecer de entrar na rota do outro. Eu estava dentro de uma rota de navios e tinha que me manter alerta. Não me arrependi por ter levantado aquela noite, pois o céu estava claro e pude ver o cometa Halley — essa foi a única vez. Pelo resto do percurso, o céu manteve-se encoberto pelas nuvens.

Ao amanhecer, outro navio passou por mim. Eu estava me aproximando da costa e tinha que ser megacuidadoso.

Dourados nadavam ao redor do *Acrohc*, mas estávamos indo tão devagar que eles ignoravam a isca na linha de arrasto. Puxei a linha e lancei de novo, fazendo barulho na água. Isso chamou a atenção deles, e — *zás!* — peixe fresco para a primeira refeição. Ele chegou na hora H, pois o último filé de atum já tinha embolorado, devido à falta, nos últimos dias, de luz sol suficiente para uma secagem apropriada.

O tempo passou tão vagarosamente quanto nossa velocidade no mar. Já estávamos nessa etapa havia 18 dias, cobrindo apenas vinte milhas diárias nos últimos quatro. A corrente não estava ajudando de jeito nenhum, e eu tinha ainda cem milhas a percorrer; parecia mesmo que eu não estava indo para lugar algum, e, ainda por cima, devagarinho.

Ao cair da noite, passou mais um navio, lembrando-me de que eu precisava ficar alerta. Praticamente não havia vento, e, se um navio viesse em minha direção, eu teria que dar partida ao motor para sair de sua rota. Naquela noite, dormi com um olho aberto, até que ouvi ruído de motor. Eu sabia o que tinha que fazer. Primeira providência: não se preocupe em acordar de fato. Segunda providência: veja de onde vem o barulho. Então, se ele vem direto em nossa direção e já está tão perto que não dá para fazer mais nada, passe direto à quarta providência: volte para dentro, tranque a gaiuta, se abrace e comece a rezar. Mas, se o navio estiver a uma boa distância, há a terceira providência, que é baixar o motor, torcer para ele pegar e, se tiver sorte, sair rápido da frente do navio.

Aí estava, pois, a oportunidade de colocar meus planos em ação. Eu saltei e olhei ao redor, procurando a origem do barulho. Os navios costumam ser fáceis de enxergar à noite, especialmente se estivermos perto, porque eles mantêm um monte de luzes acesas. Acontece que não vi nenhum navio. Eu ouvia o ruído de um motor, dos grandes, em alto e bom som, mas não havia nada à vista. Dez minutos depois, eu ainda estava de pé, olhando para todos os lados e me sentindo um idiota. Só então percebi que o barulho de motor que eu ouvia não era de nenhum barco, mas de um avião dos grandes, passando lá em cima!

Tudo estava calmo, e eu estava me aproximando de terra, por isso precisava pôr o sono em dia, dormindo tanto quanto possível enquanto ainda era relativamente seguro. Porém, um pouco mais tarde, acordei sobressaltado de novo, ao ouvir ruídos diferentes bem próximos. Eram apenas golfinhos fazendo evoluções ao redor, e, embora eu tivesse consciência de que precisava dormir, fiquei apreciando os animais no mar escuro. Sempre me impressionei pelo modo como eles brincavam com o *Acrohc*, como se ele fosse um brinquedo de verdade. Frequentemente o provocavam para uma corrida, mas, como ele não respondia, pois navegava lento demais para eles, perdiam o interesse. Naquela noite, entretanto, eles estavam com sorte. O vento aumentou de repente, e o *Acrohc* partiu em sua melhor velocidade em um mar sem ondas. Empolgados, os golfinhos dispararam à frente, saltando para fora da água como eu nunca tinha visto antes. Acho que eles pensaram que o *Acrohc* havia acordado para brincar com eles. Pode ser que sim. Eu os observei durante um bom tempo e tentei dormir um pouco antes que o sol despontasse.

Navegamos bem no dia seguinte, e, no anoitecer, uma luz branca foi avistada. Eu acreditava que aquilo não era navio. Pelos meus cálculos, era terra. Mas aquele clarão saía céu acima e depois desaparecia, diferentemente das luzes comuns de faróis de aviso de navegação, que se moviam rápido no sentido horizontal antes de sumir. Cinco minutos depois, a luz ressurgiu e repetiu o movimento. Nunca vi um flash de farol como aquele e passei um tempão imaginando que novo tipo de luz os brasileiros haviam inventado e se representava alguma coisa para os navios. Quando cheguei mais perto, a coisa começou a fazer sentido. Havia um aeroporto junto à costa, e a luz pertencia a aviões que estavam decolando e, em seguida, viravam. Simples, não?

Mais tarde, eu vi a luz que realmente estava procurando, a luz do farol próximo a Natal. Tudo que eu tinha a fazer era velejar em direção a ele e entrar pelo rio.

Tínhamos cruzado outro oceano em 52 dias de navegação. Até que não foi tão mal assim.

CUBA
WEST INDIES
CARIBBEAN SEA
BONAIRE
PT. AZUL
MARGARITA
PANAMA
TOBAGO
VENEZUELA
CAYENNE
ATLANTIC
OCEAN
COLOMBIA
EQUATOR
AMAZON
FORTALEZA
NATAL
RECIFE
BRASIL
RIO
SOUTH
AMERICA

Capítulo 8

LAMA!

Lá pelas três da manhã, já tínhamos chegado ao iate clube de Natal. Perguntei ao vigia noturno onde eu poderia ancorar o *Acrohc*, e ele me respondeu que "tudo o.k." se eu o amarrasse defronte do cais. Você deve estar se perguntando como eu me comuniquei com o sujeito em português, e esta é minha deixa para contar que morei no Brasil entre os 7 e 14 anos. Já estava ansioso para rever o país.

Minha família havia se mudado da França para o Brasil procurando um clima melhor. Inicialmente nos fixamos no interior, onde meus pais tentaram a vida como fazendeiros, mas meu pai era, na verdade, um metalurgista e, assim sendo, nos mudamos para Brasília. Lá havia uma grande necessidade de negociantes que se estabelecessem em diferentes modalidades de empresas, durante a fase de construção da nova capital, e meu pai abriu uma serralheria e uma fábrica de estruturas metálicas. Foi lá que meus irmãos e eu começamos a aprender a trabalhar com aço e a fazer soldas. Depois da escola, nós sempre nos ocupávamos na oficina, fazendo todo tipo de trabalho, inclusive uma bicicleta. Tenho que confessar, entretanto, que ela ficou muito pesada, e nós não andávamos muito com ela — meu pai pegou a deixa e acabou comprando para nós, logo depois, bicicletas de verdade.

Lembro-me de ter passado bons tempos no Brasil. Certa vez, montamos um pequeno circo, completo, com trapézio e arame. Ficamos bons no trapézio, mas nenhum de nós conseguiu percorrer todo o arame. Enquanto morávamos na fazenda, fazíamos excursões pelo mato que duravam o dia inteiro, armados com nossos melhores estilingues. Nossas caçadas nos levavam cada dia mais longe de casa, à procura de caça, mas, quando acertávamos um passarinho com nossos estilingues, ficávamos arrependidos e íamos cuidar para que ele não morresse. Pensando bem, tudo o que conseguimos com esses "safáris" foi levar uma boa bronca de nossa mãe. Ela vivia se aborrecendo com nossas andanças pelo cerrado, que estava cheio de cobras venenosas, escorpiões e até onças.

Para meninos vindos da cidade, tudo isso era uma sequência de experiências, e a exploração de cada dia trazia uma novidade — uma fruta silvestre comestível, uma fazenda deserta e abandonada e coisas assim. Por isso, apesar das advertências de nossa mãe, nossas excursões exploratórias continuavam. Frequentemente se subestima o instinto de sobrevivência de uma criança. A mata era de fato cheia de todo tipo de perigo, e não apenas de animais. Volta e meia nos deparávamos com buracos profundos, cavados no solo vermelho por garimpeiros (mineradores de topázio). Não sei como nunca caímos em um desses — meninos sempre sobrevivem. Pode ter custado aos nossos pais cabelos brancos prematuros, mas nós tivemos uma infância interessante no Brasil.

Esqueci muito da língua, mas fiquei prestando atenção na rádio brasileira por alguns dias, quando a caminho, e isso ajudou bastante, pois eu consegui dar uma polida no sotaque. Mais tarde, isso passou a ser um problema para mim, porque sempre que eu pedia uma informação ou explicação a alguém, eles me respondiam rápido, em "brasileiro corrente", sem perceber que eu não tinha a fluência que meu sotaque sugeria.

Eu me diverti com um fato ocorrido na manhã em que aportei. Estava de pé no pontão, logo depois de amarrar o *Acrohc*. Uma moça, de um iate brasileiro ancorado ao lado, veio remando em uma catraia em minha direção. Ela me perguntou se eu tinha visto "o cara daquele veleirinho". Respondi que era eu, mas ela pensou que eu estivesse zombando e não acreditou em mim. E continuou: "Não pode ser você, pois o barco é australiano." Depois de falarmos mais um pouco, ela percebeu meu sotaque e acabou me convidando para tomar o café da manhã em seu iate — isso foi o que ela propôs para início de conversa.

Seu nome era Solange, e, quando chegamos a seu iate, o *Jamanxim*, conheci o Marco. Eles eram do Rio de Janeiro e estavam a fim de fazer um cruzeiro pelo mundo, praticamente pela mesma rota que eu fiz. Eram o tipo de pessoa com quem eu simpatizo de cara, e sempre tive prazer em encontrá-los em outros portos. Marco, um geólogo, tinha sempre um monte de histórias para contar dos dez anos que passou na selva amazônica prospectando minerais. Nunca me cansei de ouvir seus casos de garimpeiros de ouro, de índios e de animais esquisitos. Ele também era um cozinheiro excepcional. Quanto à Solange, ela foi mordida pelo bichinho da viagem e já conhecia a maior parte da Europa, onde havia aprendido inglês e francês. Para dizer a verdade, parece que nós três nunca paramos de falar.

Minha primeira tarefa, depois do café daquela manhã, foi legalizar minha estada no país. Eu não tinha me preocupado em obter um visto de entrada antecipadamente, porque me haviam dito que qualquer iate, chegando ao Brasil, já tinha permissão para permanecer seis meses. Ninguém, entretanto, me havia informado que essa permissão não era aplicável a australianos. As autoridades aduaneiras me informaram que eu precisava pedir o visto de fora do país, e o Brasil era grande! O local mais próximo era a Guiana Francesa, a 1.300 milhas. Foi assim que tive que aceitar o miserável visto de três dias, pensando que, pelo menos, daria tempo de comprar mantimentos e consertar a vela, que começava a apodrecer.

Na Sexta-Feira Santa, eu só havia terminado o essencial e, junto com Solange e Marco, dei uma volta pela cidade. Na praia, vimos algumas jangadas. Essas leves balsas à vela estão cada vez mais raras, pela dificuldade de encontrar madeira leve usada em sua construção, a *apeiba tibourbou*, popularmente chamada de jangadeira. Agora, os barcos de pesca mais populares naquela área pareciam feitos de pranchas, como qualquer outro barco, exceto pelo fato de possuírem uma borda muito rasa e uma grande vela em um mastro de bambu, do estilo das jangadas. Não acredito que aqueles barcos sejam muito seguros, mas, se pudesse escolher, eu preferiria arriscar em um deles a ter de enfrentar as ruas da cidade em caráter permanente. Quase fui atropelado duas vezes e, mais tarde, quase caí em um bueiro sem tampa — depois me contaram que houve uma festa de aniversário naquele local, quando o bueiro completou um ano sem tampa.

O Brasil é um país muito estranho. O povo não é rico, mas não se importa muito com isso. Eles são muito calmos, menos quando estão dirigindo, e só se animam com Carnaval e futebol.

Três dias não foram suficientes para um descanso decente depois de vinte dias no mar, mas lei é lei e eu não podia reclamar de ninguém a não ser de mim mesmo. Eu deveria ter conferido a informação antes de chegar. Alguns amigos me disseram que havia o chamado "jeitinho brasileiro" para que eu pudesse ficar mais, e eu sabia que as autoridades eram tolerantes, mas preferi não arriscar a me meter em encrencas. Eu precisava partir. Foi uma pena, pela viagem que eu havia planejado para o Amazonas e também pelas belas mulheres que há no Brasil — um aspecto de que eu não cheguei a me dar conta quando ainda era menino. Pelo menos, eu não iria correr o risco de me casar por lá — muito marinheiro solteiro que visitou o Brasil acabou caindo de paixão pelas "beldades" brasileiras — e, ficando três dias, eu estava mais seguro.

Às nove horas, no Sábado de Aleluia, a maré estava vazante, e com ela foi-se o *Acrohc* com uma xícara de café frio. Em pouco tempo, estávamos fora do rio. Eu podia ouvir o som do samba vindo da cidade, onde, mais uma vez, era "dia de carnaval". Para mim, porém, era dia de enfrentar a navegação de 1.300 milhas de costa, encarando navios, armadilhas para lagostas, águas barrentas e uma umidade terrível. Fiquei tentado a voltar. Eu me imaginei com uma garrafa de cachaça em uma mão e uma garota na outra, dançando nas ruas com o povo. Poderia sambar até o amanhecer e depois dormir na praia, esquecendo o resto do mundo. Já era hora de me divertir um pouco, por que não?

Já estava quase dando a volta, quando o anjinho branco em meu ombro deu um chute no diabinho vermelho e eu caí em mim. Que desculpa teria eu para dar às autoridades? "Humm... Voltei para o Carnaval?" Além disso, a correnteza estava muito forte para velejar de volta. Eu estava fora e fiquei de fora, deixando para trás as caminhadas pelos cerrados e a terra das frutas silvestres de minha infância. Logo me esqueci do Carnaval e das "morenas queimadas do sol" e dormi. Eu estava muito cansado, não tinha aproveitado a parada de três dias para recuperar meu sono.

A correnteza para o norte era forte, e a marcha estava boa. Só que o tempo não cooperava, e choveu a maior parte da viagem. O diário de bordo diz:

Segundo dia: "Levantei-me às cinco horas, muito próximo de um navio. Ainda cansado. Um ou dois nós de corrente. Passei por muitas boias de armadilhas para lagostas. Chuvas ocasionais. Boa recepção no rádio."

Quarto dia: "Dormi como uma pedra e só acordei para constatar que estava chovendo."

Quinto dia: "Noite calma; só uma tormenta com chuva. Progredindo rápido. Comendo muita fruta, porque todas amadureceram de uma vez. Vi um navio ao longe e um mais perto da tarde. Tempo horrível."

Sétimo dia: "Algum sol, o primeiro desde há muito tempo. Dei uma aparada no cabelo. Comecei a limpar as cracas do casco, fui surpreendido por uma pancada de chuva, acabei perdendo uma escova quando me precipitei para voltar ao barco correndo."

Passei um tempão ouvindo rádio de ondas longas do Brasil. As notícias, geralmente, reportavam acontecimentos ruins, de uma média diária de duas mortes por acidentes de carro, meia dúzia de assaltos e dois assassinatos. As chuvas intensas deixaram muitas estradas lamacentas, e o índice diário de mortes cresceu, porque os motoristas acabaram entrando em crateras, nas estradas.

Minha outra atividade era a pesca. Certa vez, eu fisguei um belo dourado, mas um tubarão que estava por perto viu e, quando eu ainda estava puxando a linha, se serviu e abocanhou dois pedaços imensos. Quando acabei de colher a linha, nela veio apenas a cabeça do dourado balançando no anzol, apesar de eu ter trabalhado rápido. Só veio carne para uma refeição. Fiquei danado com o tubarão e tive vontade de fisgá-lo com o arpão, mas ele era grande demais para mim. Naquele dia, mais tarde, pesquei outro dourado, mas o engaste da isca arrebentou e acabei perdendo aquele também.

Nono dia: "Boa noite, com o vento de sempre soprando. Tomei um banho no convés, e o tubarão ainda deve estar aí rondando. Vento Nordeste, muitas ondas, céu encoberto, ânimo baixo."

Décimo dia: "Ventos de intensidade seis a sete. Cruzei o Equador hoje, em algum momento. A carta-piloto diz que deveríamos ter tempo melhor que o de agora. Horrivelmente quente e úmido, sem sol."

Décimo primeiro dia: "Peguei uma barracuda à noite, na linha de arrasto. Rapaz... que peixe feio!"

Décimo segundo dia: "Dois navios a distância. Tenho me sentido cansado ultimamente, como se estivesse doente, ainda mais à noite. É provável que esteja necessitado de uma boa noite bem dormida. Achei uns carunchos no arroz e na pipoca — eles são inofensivos, mas não gosto de vê-los na minha comida."

Décimo terceiro dia: "Para variar, pouco vento, dei uma limpada no casco com um raspador de plástico e, agora, estou navegando com o dobro da velocidade."

Décimo quarto dia: "Arpoei um peixe-serra, ele puxou o barco, era muito grande, arrebentou a linha, perdi o arpão. Um navio passou ao lado, não respondeu ao rádio. Não tenho certeza de minha posição, mas estou próximo ao rio Amazonas, RDF, não consigo, rádio, não consigo, sextante, mar muito revolto para a leitura."

Nesse dia, levei o maior susto de minha vida, quando olhei pela vigia dianteira e dei de cara com uma montanha negra na água, alguns metros à frente. Só uma baleia poderia ter aquele aspecto, e que lugar para uma baleia estar dormindo! Rapidamente, dei todo o leme para o lado e apontei para o vento, situação em que o *Acrohc* poderia tombar fácil. Fizemos uma volta rápida e passamos rente à cauda do monstro. Eu já estava dando um suspiro de alívio, quando vi que a linha de arrasto escorregava pelo dorso da baleia. O anzol grande no fim da linha seria uma maneira rude de acordar o bicho. Só havia duas coisas que eu pudesse fazer: entrar em pânico ou cortar a linha. Decidi pela segunda e agarrei com toda a rapidez a faca, pronto para cortar a linha, quando a baleia acordou e se moveu tranquilamente para a frente. Então, voltei a respirar. A baleia também deve ter ficado confusa, porque, logo depois disso, nos seguiu por uns cinco minutos, antes de deslizar para longe — provavelmente para terminar o seu cochilo.

Décimo quinto dia: "Ventos no velame, andamos rápido. Ondas de até três metros são comuns. Esqueci o aniversário de mamãe, devo ter estado cansado. Vi um iate pela primeira vez no mar, sem resposta pelo rádio, azar deles. Às onze horas, cruzei com o *Atlantic Trader*, do Japão, e consegui coordenadas. Estava sessenta milhas fora da minha estimativa. Avistei algumas baleias, apenas uma se aproximou para um reconhecimento."

Décimo sexto dia: "Cor da água muito estranha." À tarde, uma leitura aproximada de sextante mostrou a posição pouco provável. De acordo com as coordenadas encontradas, havíamos coberto 170 milhas em 24 horas, o que era muito para nós. E mais: de acordo com minha carta, deveria haver nove ou dez metros de profundidade abaixo do barco, e o ecobatímetro não registrava nada. Onde estava o meu erro?

Nesse momento, avistei um navio. Ativei a antena do rádio, pensando em chamá-lo, mas, quando fui ligar o interruptor, vi que o tinha deixado ligado da última vez que usei. A carga da bateria estava a zero, e eu só e por conta própria.

A água estava verde-escura, tipo "selva", e eu achei que estava entrando nos baixios que se estendem por duzentas milhas da costa na foz do Amazonas. Mais tarde, avistei uma faixa de água estreita cruzando minha rota, muito agitada, parecendo bastante rasa. O ecobatímetro não era confiável, e, por isso, fui para dentro, fechei a gaiuta e esperei pelo melhor. Entretanto, passamos por ela fácil, e eu assumi que aquilo deveria ser o encontro de duas correntes.

Estimei que estivéssemos a 250 milhas de Caiena e fosse hora de me aproximar da costa novamente. Assim foi feito, até que o aparelho registrou uma profundidade de vinte metros e, então, me dirigi para o Noroeste, ao longo da costa. Ainda não avistava terra.

Décimo sétimo dia: "Agora, com uma profundidade de 17 metros, o mar estava muito agitado para abrir a gaiuta para uma localização via rádio. As águas ainda apresentavam uma coloração verde muito feia. Terra a cerca de dez milhas, com base na profundidade; mais tarde, consegui uma referência de um feixe de rádio em Caiena."

A partir daí, o tempo melhorou, e o *Acrohc* fez um bom progresso na corrente forte. Naquela noite, a distância era de dez a vinte milhas da costa, e eu sabia que à frente estavam algumas ilhas sem luz. A água tinha apenas 12 metros de profundidade, e, assim, resolvi lançar âncora para passar a noite. Queria dormir um pouco, mas também não queria chegar a Caiena à noite; da mesma maneira, queria conferir a correnteza. O livro de bordo registrava dois nós de correnteza onde eu havia ancorado.

Na manhã seguinte, eu sabia qual era a situação e também que a melhor hora para entrar pelo canal seria por volta de meio-dia. Assim, dirigi-me para o canal na hora certa, passando com facilidade entre algumas belas ilhas. Tudo ia bem, até que desabou um temporal. Tive que ancorar na boca do canal e esperar que a chuva amainasse. A tempestade trouxe consigo ventos fortíssimos, e a água que caía sobre nós vinha com tanta força quanto possível, reduzindo a visibilidade a uns poucos metros — eram condições nada agradáveis de encontrar em um canal.

Quando a ventania passou, entramos no canal propriamente dito. Ele estava balizado e fora dragado, dentro da lama. Aquela lama! As águas eram quase tão difíceis quanto ela. O litoral estava tomado. As praias eram de lama, tudo cheirava a lama. Horrível!

Entrando pelo canal, a meio caminho, a draga *Henares* estava ocupada, bombeando lama e lançando-a nas partes laterais do canal. Trocamos algumas palavras pelo VHF, e fui convidado para uma cerveja gelada, mais tarde, em terra. O *Acrohc* continuou seu percurso à vela, porque o motor não estava funcionando (outra vez!). Então, nós encalhamos, ou melhor, atolamos. Surpresa! Eu poderia encalhar em um canal, aberto para petroleiros, só porque não estava exatamente entre as balizas! Imagine que a corrente, fluindo pelo canal, trazia mais lama para dentro do que a draga conseguia bombear para fora. De qualquer maneira, tomei um banho de lama e levei o *Acrohc* para o centro do canal.

Antes de escurecer, consegui fazer uma manobra estratégica navegando à vela, e encostei bonitinho ao longo da grande doca. Foi uma pena não haver ninguém para apreciar. A polícia, entretanto, chegou logo depois, e satisfizemos a burocracia legal. Aí já era tempo de sair à procura de cerveja e cigarros. A caminho, entendi que essa maneira de tentar me livrar do vício sempre que eu saísse para o mar era muito burra, se cada vez que eu aportasse eu fosse, como que seguindo o instinto da abelha, atrás da nicotina. Assim, decidi abandonar o fumo quando completasse minha viagem.

Não havia lojas no porto, mas encontrei o que eu queria no *São Marco*, um navio mercante brasileiro.

Agradou-me descobrir que havia um monte de brasileiros na Guiana Francesa, o que significava que eu poderia praticar a língua mais um pouquinho. Isso também compensou, até certo ponto, a minha permanência tão curta no Brasil.

Jantei a bordo do iate francês *Le-Bleu*. A tripulação me alertou sobre as cobras-d'água que gostavam de invadir iates à noite, além das grandes aranhas e de toda uma variedade de insetos que havia no local — belo lugar para passar um feriado! Uma coisa que me chamou a atenção foi um tipo muito estranho de peixe, o "piloto de lama", que nadava com os olhos saltados logo acima da superfície da água. Bicho sabido, pois ele não conseguiria ver nada dentro daquela lama.

Surpreendeu-me o fato de não haver carreiras ou diques secos no porto de Caiena; mas a draga *Henares* tinha o espaço exato no convés dianteiro para alojar o *Acrohc* e, assim, seu guindaste levantou meu barquinho e o colocou a seco. Eles me ofereceram esse serviço por um preço muito camarada e ainda me forneceram tinta e duas caixas de cerveja. Como eu poderia recusar?

A grossa camada de cracas que se formou no casco do *Acrohc* foi substituída por duas demãos de zarcão e tinta protetora "de draga". No dia seguinte, deixamos o canal de lama. Saímos de um rio barrento, navegamos duas milhas e ancoramos em outro rio barrento, o Caiena. Lá encontrei o *Jamanxim* e uma porção de iates — era lá que eu deveria ter aportado primeiro.

Embora fizesse apenas três semanas desde nosso último encontro, ainda tínhamos muito o que falar. Eles só ficaram uma semana em Caiena, mas nós havíamos de nos encontrar novamente no próximo ponto de atracação.

Fiquei em Caiena três semanas. A cidade era feiosa, e o povo, não muito amável — eles não gostavam de nenhuma pessoa branca, especialmente os franceses. Eles desejam independência, mas os franceses não têm o menor interesse nisso, talvez por ser de lá que eles lançam seus foguetes *Arianne*. Acho que o povo está sendo espoliado pelo governo francês e está se mantendo calmo, mas, na realidade, o sistema não funciona.

No ancoradouro, encontrei o *Mallamoc*, o iate que havia conhecido na África do Sul, e sua tripulação me levou para conhecer o lugar. O interior era bonito, com muito verde e vida selvagem. Lembro-me, em particular, de uma noite em que visitamos uma praia distante (barrenta, é claro), onde enormes tartarugas marinhas vinham depositar seus ovos. Sinto-me muito privilegiado por ter presenciado esse fenômeno, já que essas tartarugas vêm desovar apenas uma vez ao ano e aquela praia é o único local de procriação dessa variedade (*leatherback sea turtle — Dermochelys coriacea*). Na volta, passamos por um rio; por não haver tanto lodo em suas águas, ele era bem bonito. Resolvemos dar um mergulho nele depois de jantar em um restaurante que existe nas próprias barrancas do rio. Tivemos que escolher em um cardápio onde estavam listados os petiscos oferecidos, como cobras, bife, lagarto e crocodilo. Perguntei à garçonete:

— Mas crocodilo não é um animal protegido, por estar em extinção?

— Não — respondeu ela. — Este rio está cheio deles.

Em vista disso, nosso jantar foi crocodilo, só que depois não fomos mais dar o mergulho.

Voltando a Caiena, eu havia me prometido que faria uma excursão rio acima em uma piroga, para ver de perto a verdadeira Floresta Amazônica, em toda sua decantada glória. Entretanto, as excursões feitas com o agente de turismo local eram muito caras, e resolvi deixar esse passeio para a próxima viagem, na qual eu traria minha própria canoa.

Enquanto isso, eu já havia permanecido em terra o bastante para minhas pernas ficarem mais resistentes e para estar mais ou menos preparado para seguir em frente. Além do mais, a viagem até o Panamá seria apenas de trechos pequenos.

François e Anne-Marie, do *Mallamoc*, me convidaram para uma refeição de despedida, dessa vez em um restaurante francês, onde o item mais extravagante do cardápio era apenas pernas de rã. A pequena Silvie já estava com três anos e começava a se expressar melhor, mas, para ela, o *Acrohc* ainda era o *Pequeno Mallamoc*.

SERGE

Capítulo 9

O CANAL DO PANAMÁ

Já era 11 de maio, tempo para meter velas ao vento, se eu quisesse estar em casa para o próximo Natal. A parada seguinte seria nas Iles du Salut, distantes apenas dez milhas.

Com ventos fortes e correntes favoráveis, as dez milhas haveriam de ser uma brincadeira, mas o casco já estava tão carregado de cracas que nossa velocidade máxima era de apenas um nó — as correntes favoráveis tornavam difícil o direcionamento do barco. Não que a última pintura de repelente não prestasse, mas, nas águas barrentas daqueles rios, as cracas se agarrariam em qualquer casco, independentemente do tipo de repelente usado. Eu não conseguia enxergar muito naquelas águas para poder limpar o casco do barco andando e, por isso, tive que esperar até chegar às ilhas.

Quando cheguei, essa foi a tarefa a que me propus, depois de ancorar. A água lá ainda era escura, e tive dificuldade em ver o que eu estava fazendo. A reputação daquelas águas — de serem infestadas de tubarões — ainda me fez sentir mais inquieto. Mas o serviço tinha que ser feito.

Iles du Salut quer dizer, em francês, ilhas da Salvação. Elas eram chamadas assim pelo refúgio que ofereceram aos colonizadores, que estavam morrendo contaminados por uma série de doenças diferentes. Infelizmente, muito poucos, dentre os milhares, conseguiram encontrar abrigo nessas ilhas livres de cobras e insetos. Depois, as ilhas foram usadas como prisões pela França, o que persistiu até há poucos anos.

Papillon (lembram-se do filme?) foi um dos prisioneiros e lá permaneceu por cerca de vinte anos; seu livro descreve os horrores que aconteciam nessas ilhas. Ele finalmente conseguiu escapar, fugindo por mar, agarrado a um saco de cocos que derivou até o continente — e vocês acham que eu é que sou louco, não? É estranho que a sua façanha tenha passado despercebida pelos habitantes do local — eles pouco sabiam dele, exceto pelo que haviam lido em seu livro.

A cadeia na ilha de Saint Joseph resistiu bem aos rigores do tempo e ainda está em condições relativamente boas. Há mais de mil celas, cada uma do tamanho do cubículo de um sanitário, com barras de ferro como telhado. Acontece que as árvores não respeitam tijolos e argamassas, e vão crescendo em qualquer lugar, suas raízes vão levantando os alicerces do que ficou de pé. As prisões já não são mais a dolorosa morada da miséria e da degradação humanas. Elas ainda têm um aspecto sinistro, mas estão, aos poucos, sendo absorvidas pela natureza. Turistas como eu podem circular prazerosamente por entre as ruínas e fazer uma refeição no antigo refeitório do presídio, que havia se transformado em um restaurante.

Dois dias foram suficientes para conhecer as pequenas ilhas e colher algumas frutas nativas para levar no barco. Saí em uma terça-feira para Tobago, para ter certeza de que eu não chegasse em um fim de semana e fosse taxado excessivamente para desembarcar no país. A distância que me separava de Tobago daria para fazer em sete dias, e eu me programei para chegar na segunda-feira seguinte.

O vento e as correntes marinhas foram favoráveis, e o trecho é muito agradável. Tenho que admitir que havia um pouco de vento e as ondas chegaram a quatro metros de altura, mas, pelo menos, ficamos livres do lodo e enfim navegamos em águas claras e azuis.

No quarto dia de navegação, um iate vermelho nos ultrapassou. Nessa ocasião, disseram que também estavam a caminho de Tobago e que eles tinham amigos que seguiam em outro barco.

Pela manhã de domingo, avistei terra; à tarde, as luzes do porto; e tarde da noite o *Acrohc* já estava ancorado no porto de Scarborough. "Cheguei em boa hora", disse a mim mesmo quando descobri que segunda-feira era dia de Pentecostes, "tenho o dia inteiro para limpar o casco".

Os dois iates que haviam me ultrapassado no caminho perguntaram se eu podia lhes arrumar um café. Eles tinham chegado no sábado, mas, como eu, teriam que esperar até terça-feira, após o feriado, para serem liberados para desembarcar. Passamos o dia inteiro agradavelmente, conversando nos barcos.

Na terça-feira à tarde, peguei a balsa para Trinidad, para pedir ao cônsul venezuelano um visto e a permissão para visitar o Porto da Espanha por um dia. O povo era amistoso, mas não tanto quanto o de Tobago — uma cidade grande, independentemente do país em que esteja, parece exercer um efeito estranho no cidadão.

De volta a Tobago, desloquei-me para Store Bay, uma ancoragem mais agradável, do outro lado da ilha, e lá reencontrei o iate *Jamanxim* e outros amigos. Store Bay é um lugar ideal para mergulho e caça submarina, e, por isso, à tarde, nós todos nos encontramos na praia para um churrasco de peixe-voador. Posso dizer, honestamente, que eles não cheiram mal depois de assados.

Depois de cinco dias em Tobago, o *Acrohc* já se encontrava em direção a Margarita, ilha *tax-free* da Venezuela. Lá eu pretendia falar espanhol, ou pelo menos tentar. Andei prestando atenção em suas transmissões de rádio por alguns dias e fiquei convencido de que poderia me fazer compreender; afinal, se eu misturasse italiano com português e falasse com um certo sotaque, minha fala pareceria a de um espanhol! A única dificuldade era fazer a mistura certa.

Na manhã em que saí de Tobago, quando ainda estava no abrigo da ilha, o *Acrohc* velejou a mais de cinco nós, mas, assim que deixamos a proteção da ilha, a navegação voltou ao ritmo usual, entre dois e três nós. O único evento nesse trecho foi o fato de eu estar em uma rota de colisão com o cargueiro *Nordic Trader*, mas felizmente nós dois mudamos nossos cursos bem a tempo. Entretanto, o tempo fechado, muitas vezes, tornava precária a visibilidade naquela costa.

Duas noites no mar, e o *Acrohc* ancorou por dois dias em Pampatar, o porto de pescadores de ilha Margarita. Para minha surpresa, descobri que eu conseguia dominar o espanhol o suficiente para ter uma conversa simples. Certa ocasião, quando estava procurando a alfândega, perguntei a um grupo de pessoas com que cruzei, no meu melhor espanhol:

— Señor, diga-me, por favor... — e eles me responderam prontamente em francês:

— Desculpe, nós não falamos espanhol, somos franceses.

Isso era muito para o espanhol que eu falava...

A ilha parecia desinteressante, a não ser na orla. Ela é muito voltada para o turismo, provavelmente devido ao baixo custo de vida e à existência de muitas lojas *tax-free* muito bem providas.

Norge e Vincent, do iate *Supercilious*, que eu havia encontrado na África do Sul, estavam esperando que eu chegasse a Port Azul, onde eu também estava ansioso para ir. Eu estava querendo reaparelhar o *Acrohc*, acima de tudo com uma nova vela dianteira, mas também com um *satnav* (sistema de navegação por satélite) para a etapa do oceano Pacífico. O Pacífico tem um monte de recifes submersos e ilhas baixas que só são visíveis quando já estão muito perto. Eu precisava estar seguro de minha posição a qualquer momento e não podia confiar só no sextante.

Deixei Margarita, esperando que a viagem até Port Azul levasse dois dias apenas, como o último trecho. Na primeira noite, uma "escolta" de golfinhos achou o *Acrohc* interessante. A noite era escura, mas a água estava muito clara e cheia de plâncton fosforescente, e os golfinhos deixavam rastros luminosos atrás deles enquanto nadavam ao nosso redor. Era um belo espetáculo para observar, e tive a impressão de que os golfinhos também estavam se divertindo com esses "efeitos especiais". Eles ficaram evoluindo por mais de duas horas, e era como um espetáculo subaquático de fogos de artifício, com um ocasional "blup" cada vez que um subia para tomar ar.

Os dias seguintes foram quentes e úmidos, e naveguei ao longo da costa até a quarta noite, quando finalmente vi uma luz, que imaginei como sendo de Port Azul. Entramos em uma pequena marina que não pareceu nada com aquilo que eu havia imaginado da cidade, mas era um lugar perfeito para passar a noite.

Pela manhã, fui saudado pela visão encantadora de algumas cabanas recobertas de vegetação, próximas à água e envoltas por jardins. No fundo, havia um par de edifícios e, atrás deles, uma bela montanha coberta de árvores. Se aquilo fosse característico da Venezuela, eu estaria apaixonado pelo país.

Após o café da manhã, partimos novamente ao longo da bela costa, rumo a Port Azul. Entramos em outra marina, mas ainda não era Port Azul. Lá, fui informado de que eu já havia passado por Port Azul cinco milhas atrás. Achei que uma boa carta daquela costa me ajudaria muito. Eu estava em uma pequena e graciosa marina chamada Marina Mar. As taxas para ancorar eram altas, mas, quando o gerente viu o *Acrohc*, me ofereceu um pontão grátis pelo tempo que eu precisasse. Então, telefonei ao Vincent, e, meia hora depois, ele apareceu. Foi um encontro feliz.

Pouco depois, eu estava em sua residência, na capital. Norge logo chegou, e, sem demora, fui apresentado orgulhosamente à maior parte de seus amigos. Muitos, como Norge e Vincent, eram de origem italiana, e, na realidade, por incrível que pareça, a maioria dos proprietários de iates na Venezuela parecia ser italiana. Volta e meia, a conversa caía em "Você precisa trazer o *Acrohc* para

Port Azul". Eu não entendia por que eles insistiam tanto, pois não havia nada de errado com o local onde eu estava ancorado. Acabei sentindo que eu devia me deslocar para Port Azul, nem que fosse só para satisfazer a todos. Além do mais, pensei que, se todos eles guardavam seus iates lá, deveria haver uma boa razão. Senti também que Norge, que era o comodoro em Port Azul, ficaria mais contente se eu fosse para lá.

Dois dias depois, me levaram de carro até o *Acrohc*. Não me sentia muito satisfeito com a mudança, porque, na verdade, estava andando para trás. Uma hora mais tarde, entretanto, quando avistei Port Azul por detrás do grande quebra-mar (que quase esconde seu pequenino farol), todas as dúvidas desapareceram. Lá estavam ancorados mais de duzentos iates da mais alta categoria, e existiam todos os recursos para reformas e revisões, inclusive oficinas e uma loja de provisões navais. Para completar, o local possuía mais de cem apartamentos em meia dúzia de quarteirões, além de cinema, boliche e ginásio. Havia também campos de futebol, quadras de tênis e todo tipo de instalação esportiva, diferentes restaurantes e até uma discoteca. O que eu estava vendo era uma cidade preparada para fins de semana e festas.

Recebi um tratamento principesco e, apesar de ser um clube fechado, me foram franqueadas todas as comodidades — provavelmente porque eu conhecia as pessoas certas. Imagine que os iatistas em cruzeiro, em geral, pareciam ser bem recebidos e bem tratados, menos os franceses, que ficaram com má fama, depois que um deles foi apanhado lavando suas velas em uma das piscinas. O *Acrohc* tornou-se a principal atração do clube. Ele ganhou um local privilegiado para ficar, onde belas mulheres podiam visitá-lo; ganhou nova pintura de casco e novas velas. Na Venezuela, o material para velas é um item difícil, mas Juan, um dos tripulantes do *Supercilious*, encontrou uma vela principal em um barco Star e recortou-a fazendo com ela as duas velas de que eu necessitava, e ainda sobrou material.

Fui convidado a pernoitar no *Supercilious* enquanto estivesse no clube. Aceitei, porque o *Acrohc* estava tão popular que eu não conseguia dormir uma noite direta. Entretanto, na maior parte do tempo, fui hóspede do Norge ou do Vincent, em Caracas.

Uma noite, em uma pequena cerimônia, tornei-me um "Irmão da Costa". Essa associação foi criada no Chile, há mais de cinco séculos, por ex-bucaneiros. Desde então, expandiu-se pelo mundo todo, mas é mais conhecida na Europa. Para que alguém consiga entrar nessa irmandade, tem que ser investido em uma de suas reuniões e, se sua indicação é aceita, está dentro. Não há joias ou taxas a pagar nem burocracia, como se imagina uma reunião de piratas. Eles têm mantido a fraternidade, mas não a pirataria (uma pena), e o que se exige do "irmão" é que seja bom marinheiro e obedeça a uma série de regras. Por exemplo: "Não cobiçarás o iate do seu irmão, nem suas velas, nem seu motor." Nós temos nossa própria bandeira, para podermos nos reconhecer. Eu me senti muito honrado por ter sido indicado e aceito. Prometi honrar a Irmandade.

Houve, no clube, uma reunião em homenagem ao *Acrohc* e a mim. Tive que falar da minha viagem e responder a perguntas, que consegui manejar bastante bem no meu fraco espanhol, embora o Norge lá estivesse para ajudar. Eu me diverti um bocado, e todos nós rimos muito, com a ajuda que uma boa batida de rum deu para "soltar" meu espanhol.

Entre as coisas que eu precisava substituir, estava uma câmera. A minha havia sido muito corroída, e eu estava procurando por outra. Aconteceu de eu mencionar isso ao Vincent, e ele logo me ofereceu exatamente a câmera de que eu precisava — uma à prova d'água. Eu também precisava de uma filmadora Super-8, para poder registrar um pouco mais da minha viagem para amigos e parentes. Hectore, um Irmão da Costa, ofereceu-me uma.

Aparentemente, não se podia encontrar um *satnav* na Venezuela, mas eu disse isso a meu irmão Henry em uma carta, e ele me mandou um de Brisbane, como presente dele e de meus outros dois irmãos. Eles enviaram o *satnav* para Bonaire, que seria meu próximo porto de escala e que contava com um serviço de correio mais confiável.

Enquanto isso, andei comprando conservas e outros mantimentos, pois achei os preços bem em conta, e me diverti conhecendo um pouco do interior. A Venezuela é cheia de montanhas e matas, e sua capital, Caracas, é uma cidade grande e movimentada, aninhada entre elas, a mil metros de altitude. Comparada ao clima quente e úmido do litoral, Caracas é bem fria. A cidade possuía um impressionante metrô, novo e impecavelmente limpo. Acima dele, milhares de carros congestionavam as ruas — carros demais para uma cidade que não pode se expandir, por estar cercada de montanhas.

A população rica tem um nível de vida muito alto, e a classe trabalhadora tem um padrão médio. Mas, quando a Venezuela era mais rica, na época em que o petróleo atingiu os preços mais altos, migrantes ilegais dos países fronteiriços afluíram, e essa parte da população não estava mais se dando bem. O contraste é visível na cidade, onde uma enorme quantidade de favelas (ranchitos) se estabeleceu entre os edifícios de luxo. Cerca de trinta por cento da população de Caracas vive em *ranchitos*, que são muito numerosos para que o governo cuide deles adequadamente. Essa era a situação quando lá estive — foi durante a crise do petróleo. Apesar de tudo isso, o país é belo, e o povo, afável, especialmente as garotas! Não me arrependi nem um pouco de ter permanecido lá por dois meses.

Em várias oportunidades, fui levado, em excursões, ao interior, e uma semana memorável se passou quando, no iate de Vincent, estivemos no atol de Los Roques. Os belos bancos de coral que vi por lá me lembraram da Grande Barreira de Corais, porém em menor escala.

Em uma segunda-feira, 21 de junho, o *Acrohc* estava pronto para partir. O *satnav* estava esperando em Bonaire, as compras foram feitas, e eu tinha velas novas. Dei adeus a todos e levantei as amarras mais uma vez.

Minha nova vela principal funcionava bem, mas havia vento demais para ficar confortável, e o mar agitado acabou levando mais um de meus baldes do convés. Devo admitir que custei a me reacostumar à vida do mar.

Graças ao vento forte, cheguei a Bonaire muito cedo, à noite. Ancorei sob a proteção da ilha e, na manhã seguinte, velejei até uma pequena marina. Lá recebi o *satnav* e o instalei em um alojamento que eu havia aberto na parte lateral da cabine. Para protegê-lo da umidade, cobri a parte da frente com uma portinhola de acrílico. Alguns amigos que eu conhecera em Port Azul ajudaram-me a inclinar o *Acrohc* para que eu fixasse a antena ao topo do mastro, e só então eu fiquei disponível para tomar umas cervejas no hotel mais próximo, durante o happy hour.

Não havia muito o que fazer em Bonaire. Ela era árida e tinha muito vento, sendo pouco convidativa. Três dias depois, já estava de volta ao mar, a caminho do Panamá. Naquela tarde, passei perto de Curaçao, onde fica Antilles, capital das Antilhas Holandesas — a antiga colônia semi-independente da Holanda, composta de Aruba, Curaçao e Bonaire.[5] Dizem que Aruba é a mais bonita das três, famosa por seu cassino e pelos mergulhos.

Essa etapa foi horrível. Os ventos sopraram invariavelmente entre vinte e trinta nós, e as ondas grandes, em seu embate contínuo contra o *Acrohc*, levaram mais um balde. Se você não consegue imaginar como me saí sem um balde-sanitário, aqui vai, para seu conhecimento, a sistemática: primeiramente, tinha que me certificar de que não havia nenhuma onda maldosa vindo em nossa direção. Então, abria rapidamente a gaiuta e pulava para fora, ao mesmo tempo que fechava a gaiuta — ela também podia ser fe-

5. N. do E: A dissolução das Antilhas Holandesas ocorreu em 10 de outubro de 2010.

chada por fora. Terminado o serviço, pulava para dentro e me enxugava. Nunca foi agradável fazer isso, mas pelo menos eu tinha um jeito de aproveitar uma lavada das ondas, ao mesmo tempo.

Um lado positivo desse trecho foi que o *satnav* provou o seu valor. Eu não precisava mais abrir a gaiuta para uma leitura de sextante ou RDF. Tudo que eu fazia era ligar o aparelho e apertar alguns botões, e logo sabia onde eu estava. Isso quer dizer que, à noite, podia navegar junto às ilhas com segurança, sem ter que me preocupar. Não era um instrumento barato para ter a bordo, mas, para segurança e paz de espírito, não havia nada melhor. Eu já tinha me encontrado com mais de um marinheiro que tinha perdido seu barco, porque não sabia exatamente onde se encontrava no momento.

Na sexta noite, o *Acrohc* foi sacudido por uma severa tempestade, que durou os dois dias seguintes, trazendo algumas das piores condições de navegação que eu já havia enfrentado. A força dos ventos e a agitação das águas, que produziram ondas de mais de cinco metros, tornaram extremamente difícil seguir um curso retilíneo. Eu não estava nem um pouco animado com o embate das ondas até que, em um determinado momento, o mastro tocou a água, e meus mantimentos pareciam estar todos colocados dentro de uma betoneira. Passei a maior parte do tempo tentando agarrar-me, e muitas vezes perdendo a garra, sempre que uma onda mais feroz nos atingia.

O lado bom, entretanto, foi que estávamos navegando muito mais rápido do que estimei, e eu queria me ver fora daquelas águas o mais cedo possível, porque não desejava que nenhum pirata nos pegasse. Esses piratas caçam para cima e para baixo, ao longo da costa colombiana, e procuram qualquer barco que possa ser usado no tráfico de drogas. A tripulação dos barcos que caem em suas mãos é dada aos tubarões. A maior parte dos iates procura passar ao largo dessa costa. Na realidade, as corretoras de seguro não dão cobertura aos iates que pretendem navegar nessa área.

Provavelmente, os piratas não estariam interessados em uma arraia miúda como o *Acrohc*, mas, por via das dúvidas, permaneci sessenta milhas afastado da costa. Quem seria burro o bastante para navegar com tanto risco? Outra coisa boa relacionada com os ventos fortes foi que eu pude verificar como meu novo velame era bom. Eu o tinha instalado de modo que pudesse ter uma pequena área de vela, tão baixa quanto possível, durante tempestades, e isso eu não podia ter com uma genoa recolhida. Essa vela nova, porém, só podia ser reduzida se eu fosse ao convés. Deu para ver também que ela ainda estava muito grande, e depois a recortei de modo que pudesse ter vela o suficiente durante as tempestades.

Lá pelo oitavo dia, a tempestade havia acalmado, e, enfim, comi uma refeição quente, sem precisar derramar quase tudo da panela. Até arrisquei abrir a gaiuta por umas duas horas. A partir de então, o tempo foi mais camarada, apenas com uma ou outra chuva.

Não posso deixar de mencionar, àquela altura, o que vi: o verdadeiro rio de materiais arrastados para o mar, pelas correntezas da superfície, cerca de cem milhas antes do Panamá. Isso não me pegou de surpresa, porque eu fui avisado com antecedência, mas era inacreditável a quantidade de lixo, madeira e plástico que flutuava por lá. Havia de tudo, desde escovas de dente até postes telefônicos, em uma torrente contínua de destroços — eu até esperava encontrar um de meus baldes, mas não tive sorte. Levei metade do dia para atravessar a sujeira. Antes que seja muito tarde, seria bom que parassem de lançar lixo ao mar.

Eu também tinha sido avisado da onda de dez metros que você encontra junto à costa do Panamá. Ela se dá provavelmente porque o mar das Caraíbas lá encontra um beco sem saída.

À medida que me aproximava do canal do Panamá, o tráfego se intensificava, e comecei a me preocupar com a quantidade de navios que passava por nós. À noite, eu usava luz estroboscópica amarrada no pau de palanque, mas, na última noite antes de chegar ao Panamá, levantava a cada quinze minutos. Mesmo assim, mais de uma vez, encontrei-me a uma proximidade incômoda de um navio.

No 11º dia, avistei a tempestuosa terra do Panamá. Os céus estavam cheios de nuvens negras, trovões, relâmpagos e, como eu havia sido avisado, chuva. Posteriormente, cheguei à conclusão de que esse tempo era a regra no Panamá. O país, em si, era igualmente feio, e tudo lá, muito caro.

Chegamos no dia 5 de agosto, a um ancoradouro conhecido como o Lameiro. Lá eu passei pela alfândega, sem pisar em terra. Duas horas depois, atraquei no iate clube ao preço de quinze dólares — o Panamá usa dólares americanos (eles chamam a própria moeda de balboa, mas o engraçado é que eles não a imprimem).

Eu precisava de um selo de entrada em meu passaporte; por acaso, encontrei os fiscais de imigração no bar. Então, fui ao escritório central para pagar o "visto"; custo: dez dólares. Em seguida, uma senhora feia e de mau humor emitiu uma "permissão de navegação". Ela exigiu fotocópias de tudo e o valor de 10,90 dólares, com troco exato. Em seguida, tive que apresentar meu visto ao pessoal da imigração e, de volta ao bar, pensei, para me consolar, que pelo menos era fácil encontrar esse pessoal... no bar!

Com isso, eu fui liberado para atravessar o canal do Panamá!

No dia seguinte, acertei com o "admedidor" para a manhã seguinte. O "admedidor" é a pessoa que mede o barco por dentro e por fora, para, com esses dados, estabelecer o preço da passagem pelo canal. O homem não apareceu na hora marcada, então eu tive de remarcar para o dia seguinte. Dessa vez, ele apareceu e mediu o *Acrohc*. Como eles só podem "achacar" 1,80 dólar por tonelada, ele decidiu que o barco deslocava duas toneladas em lugar dos quinhentos quilos reais. Fiquei feliz de só ter que pagar 2,60 dólares pela passagem, até que fiquei sabendo que, por seus serviços, eu teria que pagar quarenta dólares!

Chegou, então, a hora de procurar o mestre de portos do canal, para organizar a passagem propriamente dita. O *Acrohc* não comportava o estipulado pelos regulamentos, ou seja, um piloto e quatro manobristas de cabos, por isso resolvemos que eu deveria encontrar um iate que também estivesse cruzando o canal e pedir que amarrassem o *Acrohc* para cruzar as comportas. Eu ainda cruzaria o lago Gatun (parte do canal) a motor e, por isso, precisaria de um piloto.

Eles até tiveram consideração e selecionaram uma piloto bem leve, com a vantagem de ser "bonitinha". Paguei a taxa devida e voltei ao clube, onde encontrei Juan. Ele era dono do iate *Castelão* e se ofereceu para que o *Acrohc* atravessasse o canal amarrado a seu bordo.

Juan era um espanhol amante da boa vida, que havia comprado seu iate no Panamá para fazer um pouco de pesca comercial, e estava cruzando o canal para tentar a sorte no lado do Pacífico. Na verdade, refiro-me ao Juan como espanhol simplesmente porque era fácil imaginá-lo dentro da armadura de um "conquistador" do século XVI. Não sei o que foi que me deu essa impressão, talvez sua maneira de se referir a sua Espanha nativa.

Depois de uma cerveja, decidimos, para simplificar as coisas, que o *Castelão* deveria rebocar o *Acrohc* através do lago e então voltamos ao escritório do mestre do porto. A licença para reboque custou cinco dólares. Combinamos que os pilotos nos encontrariam às seis horas da manhã, na segunda-feira seguinte, para a travessia.

Chegamos no dia e horário marcados, mas nada dos pilotos. Fiquei sabendo depois que o encontro fora remarcado para oito horas, o que explicava por que os pilotos apareceram às nove! Está bem, esse país é quente, e é difícil obedecer a horários — eu entendo. Portanto, meu piloto embarcou às nove horas, e fomos a motor até o Lameiro, onde o *Castelão* estava esperando. Não foi difícil persuadir meu piloto para fazer a viagem no *Castelão*, com mais conforto, e eu não me importei — eles tinham trocado meu piloto, e este não era mais uma garota. Para dizer a verdade, eu não precisava de piloto, mesmo.

Quase quatro milhas depois, estávamos de frente às primeiras comportas. Há dois canais, lado a lado, e nós entramos pelo da esquerda, atrás de um grande petroleiro. Amarramos os dois barcos, bem presos um ao outro, enquanto as grandes comportas se fechavam lentamente atrás de nós. Os homens do cabo, nas laterais do canal, jogaram para nós as quatro "garras de macaco", nas quais nossas linhas foram enganchadas, e o *Castelão* ficou seguro.

Quando as comportas foram fechadas, a água começou a inundar o compartimento. Ela jorrava de baixo para cima através de grandes furos, e isso teve o mesmo efeito que um banho de ducha. Levou cerca de dez minutos para que fôssemos erguidos por uns dez metros, até nos igualarmos ao nível do próximo compartimento, e nós fomos colhendo as linhas à medida que a água subia. Quando foram abertas as comportas do compartimento seguinte, o petroleiro à nossa frente fez um pouco de turbulência, mas nós seguimos a motor, cuidadosamente atrás dele. Então recomeçou todo o processo, com cada um atarefado em puxar suas linhas para manter nossos barcos centrados no canal, e eu procurando acalmar o *Acrohc*, que queria seguir seu próprio caminho.

O conjunto seguinte de comportas ligou-nos ao lago Gatun, de água doce, 25 metros acima do nível do mar. Nós amarramos de novo os cabos de reboque entre o *Castelão* e o *Acrohc* e seguimos a motor, com tranquilidade, através da beleza das 23 milhas de floresta tropical inundada artificialmente. Não demorou muito, e desencadeou-se uma tempestade completa, com trovões, relâmpagos e ondas fortes. Tranquei-me na cabine, mas, apesar da chuva pesada, vi o *Castelão* à frente e as esquisitas boias do canal, por meio das escotilhas.

Meu motor de popa girava para ajudar a vencer o vento, e tudo que eu tinha a fazer era guiar o *Acrohc* seguindo o *Castelão*. Eu tinha certeza de que os dois pilotos a bordo do *Castelão* conheciam o caminho, e a única preocupação era que o cabo de reboque rompesse. Nós íamos a cinco nós, e, cada vez que o *Castelão* encontrava uma onda, ele perdia velocidade com o levantamento da popa, ganhando depois quando descia pelo outro lado da onda. Sendo rebocado o tempo todo, o *Acrohc* não tinha alternativa, senão varar as ondas, direto. Não foi à toa que eu não consegui desfazer os nós do cabo de reboque, no final.

Duas horas mais tarde, o vento diminuiu, e a tempestade desapareceu. Só depois é que fiquei sabendo que a tripulação do *Castelão* seguiu o canal por palpite — não apenas a visibilidade era péssima, mas também eles não podiam enxergar à frente, pois a chuva incidia diretamente contra o rosto. Se esse tipo de tempo é o normal para a região, não é de admirar que o canal tenha levado dez anos para ser construído e tenha custado tantas vidas.

Depois de mais duas horas de navegação pelo lago, chegamos ao corte Galliard, que é um trecho do canal que foi cortado por oito milhas de rocha e xisto argiloso. Então, estávamos prontos para as três comportas descendentes, que nos deixariam de novo ao nível do mar, no Pacífico.

Nessas comportas, era mais fácil manobrar, porque a água estava sendo drenada dos compartimentos em vez de ser bombeada para dentro e não havia turbulência, sobretudo pelo fato de o petroleiro ter saído na frente. Quando atingimos a primeira comporta, um terceiro iate juntou-se a nós, e os três, atados entre si, mais pareciam um trimarã.[6] Fomos baixados no lago Miraflores, menor, apenas uma milha de comprimento, e de lá entramos nas duas últimas comportas. Chegamos ao Pacífico depois de atravessar cinquenta milhas de canal — acho conveniente explicar que o Atlântico e o Pacífico não estão em níveis diferentes. As comportas lá é que estão, para permitir que os navios aproveitem os lagos e naveguem um grande trecho.

6. Trimarã: barco de três cascos. Catamarã: barco de dois cascos.

Às dezessete horas, naquele dia, terminamos nossas celebrações da travessia e, sem solução de continuidade, iniciamos a comemoração de nossa chegada ao Pacífico. Deixamos nossos pilotos no iate clube de Balboa e tomamos mais uns goles comemorativos no bar. Mais tarde, jantamos no *Castelão* e continuamos a festividade! Já era meia-noite quando, enfim, encontramos um ancoradouro para aquela noite. Eu poderia morrer nessa viagem, mas não seria no mar!

Para mim, essas comemorações tinham um aspecto todo especial, pois eu havia deixado mais um oceano para trás. Agora eu já estava no Pacífico, e bem a caminho de casa. Já havia navegado dois terços da viagem de volta ao mundo, e isso significava muito para mim. Vivia pensando no sinal de fumaça amarela que eu iria lançar à água, quando completasse minha circum-navegação. Esse momento estava se aproximando, e eu imaginava qual seria a lembrança mais importante da viagem. Provavelmente, eu iria sentir falta quando terminasse, apesar da dureza de certas etapas.

Na manhã seguinte, visitei o Balboa Iate Clube, como parte do meu programa de ficar um par de semanas. Deram-me uma folha de papel, e, quando me recuperei do choque, ao ver os preços que eles cobram, disse ao sujeito o que ele podia fazer com a sua lista. Partindo a motor, fui para Taboga, uma ilhota a poucas milhas dali. Lá havia uma pequena enseada onde eu poderia ancorar de graça. Havia também uma balsa que, disseram, me levaria até a cidade por um dólar.

Na verdade, a balsa custava dois dólares para ir e mais dois para voltar, mas a ilha era bonita e o custo da passagem foi compensado pelo fato de que, em Taboga, o *Acrohc* estava fora do alcance da maior parte dos exploradores do Panamá — e digo maior parte, porque tive que subornar o homem da balsa para que me deixasse levar combustível do continente!

Encontrei alguns iatistas agradáveis em Taboga. Magnus e Dora eram um casal de aposentados da Islândia que navegava em seu iate, *Dora*. Eles me disseram que, embora a maior parte dos 250 mil habitantes da Islândia ainda vivesse no mar, seu iate era o único que, à época, fazia a volta ao mundo.

Eu havia conhecido Magnus e Dora no Lameiro, quando tratamos de papelada burocrática. Fui seu intérprete no Panamá, em muitas saídas para compras. Na realidade, eles não necessitavam de um intérprete, conseguiam entender-se bastante bem. Desde que se aposentaram, eles começaram a navegar, apreciando a companhia um do outro, sem nunca sentir falta do clima de sua terra natal. Apreciei muito sua companhia, e, juntos, vimos o fundo de minhas garrafas de conhaque.

Também conheci Didier, outro navegador solitário, que havia chegado diretamente do Taiti. Eu me ofereci para trabalhar como um dos seus manobristas de cabo, durante sua travessia do canal. Não houve tempestade durante aquela viagem, e assim eu pude apreciar a paisagem.

Não obstante, apesar dos amigos que fiz e da tempestuosa beleza de alguns de seus trechos, jurei que não poria mais os pés no Panamá novamente. Se não fosse pelas chuvas pesadas e tempestades, seria pelos espertalhões. Qualquer pessoa, com um leve ar de turista, corria perigo.

TERN

Capítulo 10

DE HUMBOLDT ATÉ HULA-HULA

Acrohc e eu tínhamos que estar bem preparados para o próximo lance, até Galápagos. Precisávamos estar prontos e em condições de enfrentar, no caminho, ventos e correntes contrárias durante 850 milhas. Se tudo corresse bem, o menor tempo que eu poderia esperar para chegar a Galápagos seria um mês. Se as condições fossem más, o tempo ia para dois a três meses. Se tudo desse errado, eu teria que pensar seriamente em voltar atrás.

Eu sabia também que só poderia permanecer lá por três dias — maior permanência teria levado nove meses para organizar, e isso seria obtido subornando as pessoas certas — e, como eu não sabia que suprimentos seriam encontrados por lá, teria que levar aqueles suficientes para a duração da próxima etapa. E eram três mil milhas até o próximo porto!

Em 2 de novembro de 1986, levantei âncora, e o *Acrohc* tomou a direção Sudoeste. Saí bem cedo e, como estava chovendo, tive que manter, de dentro da cabine, vigilância por causa de grandes toras e outros lixos flutuantes, bem como outros navios. Depois de colidir com o segundo tronco, entretanto, resolvi parar para pernoitar em uma das ilhas do grupo Las Perlas, ainda dentro do golfo do Panamá. Lá passei a noite, ancorado em uma enseada.

Eu já tinha ouvido falar dessas ilhas por um casal de navegantes que decidiu estabelecer-se em uma delas. A maioria era deserta, mas todas tinham bastante vegetação e vida selvagem, boa pesca, paz e quietude — o conjunto perfeito para quem quisesse viver o tipo de vida de um Robinson Crusoé. Há uma imensidão de ilhas como essas em torno do Panamá — aliás, em todo o mundo, se alguém estiver interessado.

Levantei âncora pela manhã e continuei meu caminho. Naquele dia, encontrei uma raia-jamanta saltadora, duas cobras marinhas, um monte de golfinhos, três canoas a remo viajando entre as ilhas, um grande navio, dois barcos atuneiros, outro monte de toras e várias sucatas flutuantes. Concluí que fui sábio em não navegar à noite, nessas águas.

Também dei uma aparada na barba e no cabelo. Admito que tenha sido um serviço um bocado malfeito, muito curto e desigual, mas cresceria outra vez antes que eu visse alguém novamente. Nesse ínterim, ficaria mais fresco e fácil de lavar com o suprimento limitado de água doce. Na verdade, eu usava muito pouca água doce para me lavar e, em geral, fazia o xampu com água do mar, usando, às vezes, apenas meio copo de água doce, só para tirar o sal.

Ao entardecer, já estávamos fora do golfo e pensei que também estivéssemos fora do alcance das tempestades do Panamá. Entretanto, a título de bota-fora, fomos atingidos por uma tempestade elétrica, sem ventos, mas com um bocado de chuva, e, por horas a fio, os raios caíram ao nosso redor. Os raios eram tão violentos que tive que proteger meus olhos dos clarões das descargas. Eu não podia olhar para fora, mas via que os raios estavam caindo muito próximo ao *Acrohc*, pelos estalos das descargas elétricas, que faziam tremer o ar dentro da cabine. Era impressionante.

Eu estava um pouco preocupado com a possibilidade de o *Acrohc* ser atingido, pois havia o perigo de que todo meu equipamento elétrico fosse às favas, mesmo estando desligado da bateria. Meu belíssimo *satnav*, por exemplo, não teria qualquer chance, e sua antena no topo do mastro era um perfeito para-raios.

Na teoria, eu estava em segurança. Dizem que a descarga de um raio que atinge um barco é conduzida inofensivamente para a água, via mastro e cordame, e o barco propriamente dito. Mas, nessa hora, quem é que acredita em teoria?

Pouco depois da meia-noite, eu estava deitado na cabine tentando conciliar o sono e me certificando de que não estava em contato com as partes metálicas, isolando-me das partes laterais com cobertores — eu não queria fazer concessões à teoria. Dormi logo, apesar do barulho, e pela manhã tudo estava em paz, como se nada tivesse acontecido. Atravessamos a tempestade elétrica intocados, e estou contente por poder dizer que essa foi a única vez que eu me defrontei com uma tempestade elétrica.

No terceiro dia, tive que usar o motor para poder andar. O vento finalmente veio no quarto dia. Infelizmente, foi um vento de popa, que perdurou durante todo o trecho, sua direção nunca mudou mais de vinte graus.

Os dias passaram com a irritante monotonia do *Acrohc* enfrentando uma pequena onda e perdendo a preciosa velocidade; depois recuperando um pouco até atingir nova onda. Cada vez, quando cortava uma onda, a água se transformava em espuma branca, bonita de ver, mas, como muitas ondas rebentavam sobre a cabine, eu só podia abrir a gaiuta, correndo o risco de encharcar tudo. Essa situação se manteve durante 15 dias.

O ângulo de inclinação do barco também se tornou incômodo, pois éramos obrigados a inclinar trinta a quarenta graus quase todo o tempo para obter a melhor velocidade possível. O convés esteve molhado ou mergulhado na água tantas vezes que começou a nascer musgo nele!

Navegávamos em bordejos longos e cansativos; um dia oeste, um dia sul. Avançávamos apenas um ou dois nós, apenas o suficiente para fazer algum progresso. Durante o tempo em que navegamos ao longo da costa colombiana, mantivemos um afastamento de cinquenta milhas, próximo o bastante para escapar da corrente que vem do Sul, mas longe de cair nas mãos dos piratas, que também infestam as costas da Colômbia.

Graças ao *satnav*, eu conseguia conferir minha posição com ótima precisão, duas vezes ao dia, mantendo a observação sobre o comportamento da corrente. Se eu ainda estivesse usando o sextante, teria ficado em séria dificuldade, pois o sol só apareceu por um par de horas ao longo dos 15 dias.

Por causa da movimentação incessante do *Acrohc*, a comida quente foi reduzida a uma rápida refeição por dia. Durante a viagem, sempre me empenhei em fazer, pelo menos, uma refeição quente por dia, independentemente do comportamento do tempo, e isso quase sempre foi possível, ainda que eu tivesse que manter a panela balançando. Foi aí que comecei a pensar que deveria haver forças estranhas agindo contra mim. Primeiro foi o álcool metílico. Minha última reserva era vinte graus mais fraca do que o normal, e, para compensar, eu precisava usar mais um pouco, pois ele não queimava tão bem. Por isso, ele quase acabou. Depois, o cabo da minha única panela soltou, quando eu estava a lavando fora da borda. Fiquei com cara de bobo segurando o cabo, enquanto a panela desaparecia na salmoura. Não me entreguei, entretanto: cortei uma velha lata de leite e arrebitei o cabo velho nela.

Em seguida, descobri que o queimador recém-instalado — e que eu tinha como sobressalente — começou a vazar internamente e a encher de álcool. Isso eu descobri quando, um dia, fui acendê-lo, e a chama ficou tão grande que dava para cozinhar a refeição de um batalhão inteiro, mesmo carbonizando tudo no processo. Tudo que eu pude fazer foi isolar o tanque com um prato, para protegê-lo do excesso de calor, e colocar uma panela sobre a chama para contê-la até que o álcool queimasse por completo. Eu teria usado o extintor de incêndio, se não estivesse usando a outra mão para me firmar e não ser lançado fora. Simplesmente, faltou mais uma mão.

Enquanto eu aguardava que o álcool se consumisse, lembrei--me do meu último entrevero com o fogo e pensei: "Se o tanque esquentar muito, ele pode explodir. Será que eu vou ter a mesma sorte, dessa vez?" A situação agora era diferente; eu tive tempo para pensar e ver o perigo. E tive tempo para sentir medo. Mas a sorte se manteve e, poucos minutos depois, a chama apagou. Logo que o queimador esfriou, eu o substituí pelo velho, que, por sorte, eu tinha guardado.

Fui persistente e tive diferentes sucessos com a minha arte de cozinhar, mas nunca passei sem a minha refeição quente de cada dia.

Chegando ao nono dia, o tempo clareou, e o vento acalmou o suficiente para que eu pudesse lavar alguma roupa branca em água salgada, além de tomar um banho. Não pulei no mar, pois nós estávamos navegando na corrente de Humboldt, que vem direto do Polo Sul. Eu simplesmente me sentei no convés com um balde de água e um pedaço de sabão — você está surpreso por eu ainda ter um balde? Naquela tarde, eu me sentei do lado de fora com uma lata de cerveja morna e alguns amendoins para desfrutar de um pouco de sol fraco. Que fidalguia! E, à noite, consegui minha primeira boa noite de sono depois de um longo tempo.

Três dias de navegação relativamente amena se passaram, mas eu sabia que algo estava errado. Nós estávamos perdendo velocidade a cada dia, e a variação de posição pelo *satnav* deixou de existir. Isso, normalmente, quer dizer cracas. Eu não estava muito propenso a mergulhar naquela água fria para limpar o casco, e também havia algumas ondas na região, o que tornaria o trabalho ainda mais penoso. Mas tinha que ser feito de qualquer maneira, e eu devia, no mínimo, inspecionar o casco.

Depois de colher as velas, coloquei minha máscara de mergulho e me preparei para o pulo — só que não pulei. Localizei uma baleia pequena a alguns metros da nossa popa e, embora elas não nos ataquem — e essa nem era do tipo *baleia assassina* —, eu não estava disposto a nadar com ela. Em minha defesa, quero dizer que, quando falo "baleia pequena", quero dizer "pequena para uma baleia", pois aquele filhote tinha mais do que o dobro do comprimento do *Acrohc*. Ela ficou brincando ao nosso redor uns cinco minutos, às vezes quase encostando. Outras vezes, ela nadava um pouco de barriga para cima e passava por baixo do barco. Ela tinha a curiosidade de uma criança de três anos. Enfim, ela se afastou, talvez por ter sido chamada pela mãe.

Quando finalmente entrei na água, o que vi me deixou horrorizado. O casco estava todo coberto de cracas, formando colônias do tamanho de um punho fechado. Não é de admirar que estávamos navegando como um tronco de árvore. Raspei grande parte, mas não consegui terminar o trabalho, por causa do frio e da dificuldade de segurar o balanço incontrolável do barco, com as velas arriadas; por isso, deixei o resto para um dia mais calmo. Apesar do trabalho incompleto, o que fiz já aumentou bem a velocidade, e, naquele dia, tivemos o melhor deslocamento da etapa, sessenta milhas diretamente a caminho das Galápagos.

Estivemos navegando 24 dias e poderíamos ter coberto a distância restante em mais três se o vento tivesse se mantido, mas, para minha tristeza, ele enfraqueceu e o *Acrohc* não teve condições de navegar no melhor vento e apontar na direção certa. Procurei usar o motor de popa, mas, como de costume, ele se recusou a pegar. Quis ver se encontrava a causa do problema debruçando-me por sobre a popa para poder lidar com o motor, mas era impossível fazer muita coisa desse jeito. Doía o coração estar lá sentado, à mercê da corrente, que estava sempre esperando por uma oportunidade de levar de volta as preciosas milhas que conseguimos, polegada por polegada.

Passados dois dias, soprou um vento um pouco mais forte, mas o casco estava outra vez tão carregado que o *Acrohc* não conseguia progredir. Era irritante o suficiente para me debruçar sobre a borda e raspar as cracas que vinham pegar uma carona de graça. Mas, sendo atingido constantemente pelas ondas, acabei desistindo e voltando à cabine para me aquecer e aplicar curativos nas esfoladuras que arranjei deitando na borda do barco. Eu precisava ser paciente e esperar uma mudança do vento; trinta graus, de qualquer lado, seriam suficientes. Meu único consolo era que já estávamos fazendo algumas milhas por dia.

Continuamos lutando para seguir para o sul e, no 28º dia, cruzamos o Equador. Não comemorei — como poderia fazê-lo com a correnteza contra nós, o vento não ajudando em nada, o motor se recusando a trabalhar e essas malditas cracas? Eu amaldiçoei o conjunto, sem esquecer as ondas malditas e persistentes.

Eu já estava cansado de passar todo o tempo com uma inclinação de quarenta graus, preso na cabine e passando frio o tempo inteiro. Será que eu não conseguiria chegar lá? A situação não era exatamente ruim, era desgastante! Eu estava a apenas quarenta milhas de terra, mas, à velocidade que conseguíamos nos mover, seriam necessários seis dias para chegar a um porto!

O dia seguinte, então, foi pior. O *Acrohc* estava na mesma posição em que esteve dois dias antes. Eu até tentei dar uma risada, mas tudo que consegui foi um som estranho e esganado, que mais parecia choro. Algo tinha que ser feito! Apontei para leste uns dois dias, navegando tão próximo quanto possível da mais leve brisa, para ver o que acontecia.

Dia 5 de outubro, meu aniversário, veio e foi. O mesmo dia sem graça e encoberto, como quando cruzei o Equador, e eu também não estava com a menor vontade de comemorar, embora suspeitasse que, aos poucos, estivéssemos chegando a algum lugar.

A bateria estava tão acabada quanto eu. O painel solar não recebeu nenhum sol desde que saímos do Panamá, e, embora eu estivesse usando querosene para iluminação e, nos últimos dias, tenha ligado o *satnav* somente um dia, para me situar, a bateria estava quase descarregada.

Mais dois dias navegando para oeste, e chegamos à casa dos 34. Naquele dia, o *satnav* indicou que nossa posição era a apenas

17 milhas a leste de San Cristóbal. Eu não conseguia avistar a ilha por causa da chuva fina, mas, só de saber que me aproximava, me sentia melhor, apesar de termos mais um dia de navegação antes de chegar ao ancoradouro, pois o porto era do outro lado da ilha.

À tarde, nós estávamos próximos o suficiente para ter uma boa vista da costa. Bebi pela visão de terra, com a mesma sensação de alívio que, imagino eu, teria um náufrago que estivesse à deriva por um mês, em um bote de borracha, ao se defrontar com o barco salva-vidas que o encontrou. Mas, quando o *Acrohc* chegou a uma distância arriscada, eu me afastei da terra e me preparei para passar a última noite daquela viagem no mar.

Acordei meia-noite, e era hora de virar em direção à ilha. Dormi novamente. Um veleiro de vela quadrada passou por nós, seguido por um vapor. Eram duas horas, hora de acordar e conferir nossa posição. Verifiquei que estávamos a dez milhas da costa, o que era perto demais. Viramos para o mar, e dormi novamente.

Quando chegou a manhã, navegamos animados em direção ao porto. O motor, que resolveu funcionar, ajudou, pois o vento estava fraco. Eu calculei que levaria cerca de metade do dia para aportar e estava com pressa de atravessar os recifes rasos antes de escurecer; conseguimos isso com facilidade. Senti-me aliviado por terminar aquela etapa; era a que eu mais temia.

Depois de passar a barreira de recifes, reconheci o *Dora* ancorado na baía, então me amarrei atrás dele e subi a bordo para uma revisão. Ficamos felizes pelo reencontro e tínhamos muito para conversar e beber. Creio que tomamos juntos uma grande sopa, à noite!

Eu tinha três dias para me preparar para a etapa seguinte. Mais importante do que qualquer outra coisa, eu ainda precisava arranjar mais álcool para o fogareiro, uma panela nova e alguns mantimentos. Encontrei a maior parte do que precisava na vila, onde havia poucas e pequenas lojas e restaurantes, menos álcool. Tudo o que eu consegui foi um litro no hospital da base naval, da mesma gente que me cobrou uma taxa de 59 dólares para ficar três dias no porto — muito dinheiro pela ancoragem e pouco tempo para visitar a ilha.

Apesar disso, arranjei tempo para conhecer o interior da ilha, com o motorista de um velho caminhão de aluguel, tendo como companhia o Magnus e a Dora e mais uma dúzia de moleques que aproveitou a carona. Nosso passeio nos levou a uma lagoa no fundo da cratera de um vulcão extinto, que havia ficado cheia de água. Seu diâmetro era de cerca de uma milha e consistia na única fonte de água doce da ilha. Aparentemente, foi um grande achado para os descobridores da ilha, cujas reservas de água tinham acabado antes de chegarem lá.

Depois de um passeio refrescante entre as nuvens ao redor do velho vulcão, dirigimo-nos para a praia, para apreciar as focas tomando sol sobre as pedras, e, a caminho, passamos pelo aeroporto. As focas, chamadas em espanhol de lobos-marinhos, pareciam mansas e acostumadas a serem fotografadas, mas, mesmo assim, aproximei-me delas com cuidado; sua cabeça parece com a de um cachorro, e seus dentes são igualmente afiados. Depois de bater algumas fotos, voltamos à vila, parando no caminho para procurar iguanas. Esses lagartos têm mesmo uma aparência pré-histórica, são mais feios ainda que os lagartos da Austrália.

Nas ilhas Galápagos, a maior parte dos seres evoluiu diferentemente dos seres de outros lugares da Terra, por causa do isolamento e do clima exclusivo. De fato, as ilhas são únicas em sua flora e fauna indígena, embora alguns tenham chegado lá arrastados do continente sul-americano, com a ajuda da corrente de Humboldt.

Há estranhos contrastes, como cactos se desenvolvendo em solo vulcânico e desértico, mas com pinguins andando ao redor. Existem outros animais exclusivos, em complemento às iguanas, como os cormorões (alcatrazes). Lá, como eles podiam comer melhor nadando, esqueceram como se voa. Há também o galápago, uma grande tartaruga terrestre, que se adaptou ao terreno em cada uma das ilhas. De fato, sua evolução é tão afinada ao meio ambiente que cada cratera, em cada uma das ilhas, tem sua espécie de tartaruga, sob medida, adaptada à vegetação local.

A segunda maior cratera do mundo também pode ser encontrada na região. Nem todos os vulcões foram extintos, e, poucos anos atrás, um deles voltou à atividade na ilha de Santa Isabella.

Os habitantes vivem nas ilhas, apesar do terreno acidentado. Muitos deles são descendentes dos condenados que para lá foram deportados do Equador, mas, ultimamente, o turismo tem atraído mais gente do continente à procura de trabalho. Eles são gente boa, e não são todos que estão interessados apenas no todo-poderoso dólar.

Muito cedo se esgotou meu tempo lá, o que foi uma pena, pois eu estava só começando a me relacionar com a gente do lugar. Aprendi que a única maneira de realmente apreciar um local é conhecendo seu povo. Desse modo, eu compreendo melhor sua cultura e vejo muito mais do que apenas as áreas reservadas para os turistas.

O *Acrohc* estava pronto para outra longa etapa no mar, mas eu não estava. Queria descansar mais e ver um pouco mais das ilhas. E foi assim que as autoridades pensaram que eu estava saindo direto para as ilhas Marquesas, mas eu pretendia parar em Santa Isabella com o *Dora* por mais alguns dias.

Saímos ao mesmo tempo para fazer a viagem de 120 milhas. O *Dora* saiu a motor noite afora, mas, como o *Acrohc* era mais lento, parei para pernoitar na ilha de San Salvador, onde encontrei uma pequena baía bem protegida, longe da vista das autoridades. Ainda tive tempo de nadar até a praia antes de escurecer, para procurar alguns dos estranhos animais, mas, fora alguns cactos, iguanas e umas poucas aves, pouco havia para ser visto junto à praia. Eu não estava preparado para avançar pelo interior, pois o solo era áspero para andar. San Salvador é a ilha na qual o Centro Darwin está trabalhando para preservar a fauna. Eu teria gostado de visitar o centro, mas, para isso, teria que pagar outros 59 dólares de taxa de ancoragem.

Continuei navegando para Santa Isabella na manhã seguinte. Essa é a maior ilha do arquipélago e se gaba de possuir a maior fauna e a maior quantidade de vulcões ativos. Encontrei, sem nenhum problema, a enseada ao norte da ilha, onde o *Dora* estava ancorado. Ouvi dizer que as autoridades nunca aparecem por lá, por causa da distância da cidade principal. A enseada era cercada de afloramentos vulcânicos e apenas alguns cactos tentando crescer aqui e ali. Ao fundo, havia um grande vulcão coberto de árvores, que deveria abrigar uma grande quantidade de animais; entretanto, era muito distante para chegar caminhando por sobre a lava bruta. Também me disseram que havia muitos animais do outro lado da ilha e um belo ancoradouro, mas estava fora de cogitação chegar até lá para nós, os "ilegais".

Se quiséssemos conhecer direito a ilha, teríamos de ir até o porto, ao sul, e levar um guia a bordo por todo o dia. A principal razão para a exigência dos guias é que eles possam certificar-se de que não há infração ecológica e que não seja introduzida nenhuma flora ou fauna estranha às ilhas. A flora e a fauna, mesmo das ilhas vizinhas, são consideradas estranhas e potencialmente danosas ao delicado equilíbrio ecológico de cada uma das ilhas. Eu tenho sido sempre muito cuidadoso em não destruir a natureza e compreendi o porquê do guia, mas levar um a bordo do *Acrohc* estava fora de cogitação — bem, se fossem guias femininas, talvez eu tivesse dado um jeito!

De qualquer maneira, nós nos limitamos a pular por sobre a lava e apreciar os alcatrazes nadando atrás dos peixes. Os alcatrazes não se preocupavam com nossa presença e tinham tanta curiosidade a nosso respeito como nós a respeito deles. Nenhum dos animais das ilhas Galápagos tem medo do homem, porque não há, entre eles, predadores. Nos velhos tempos, os navios costumavam carregar seus porões com milhares de tartarugas vivas, que eram muito procuradas por sua carne e seu óleo. Elas eram fáceis de apanhar e eram empilhadas em vida durante a viagem.

Atualmente, todas as ilhas são consideradas parque nacional, o que é a mínima providência para reparar os danos causados nos primeiros tempos, e a população de tartarugas vai se recuperando lentamente.

Permanecemos naquele ancoradouro, impróprio e cheio de ventos, por dois dias. Deu tempo para limpar o casco do *Acrohc*, e fui auxiliado por alguns peixes-papagaio. Eles comeram as cracas, e eu limpei as algas. Por causa do frio, eu não conseguia permanecer na água por mais de meia hora por vez, mas ainda consegui mergulhar atrás de uns mariscos para o jantar. À noite, um barco pesqueiro de lagostas ancorou próximo a nós. Eles estavam sem cigarros, e eu adoro lagosta, de modo que fizemos uma troca legal e tivemos um belo jantar naquela noite, a bordo do *Dora*.

Gostamos do lugar — para Magnus e Dora, ele lembrava algo de sua Islândia (fria e vulcânica). Já eu preferia as praias guarnecidas de coqueiros, com corais coloridos, sol brilhante e garotas dançando hula-hula. Não tive que ir muito longe para encontrar minhas preferências. Minha próxima escala, as ilhas Marquesas, estava a apenas 2.750 milhas a oeste. Era a etapa mais longa de toda a viagem, mas, com bons ventos e correntes favoráveis, eu a faria em pouco menos de dois meses de velejar tranquilo.

Dora e *Acrohc* saíram antes do meio-dia, um dia depois de vencermos uma pequena batalha para colher as âncoras de um fundo de mar rochoso. Estávamos a caminho novamente, dessa vez com bom vento e a correnteza certa. Não demorou muito para o *Dora* virar um ponto no horizonte à frente e, em seguida, desaparecer por completo.

Seis dias se passaram, e a viagem estava tranquila, exceto pelo sol fraco e o vento soprando um pouco forte demais. A bateria conseguiu refazer um pouco de sua carga, e pude usar novamente o *satnav*.

Não me surpreendi muito quando verifiquei que havíamos avançado 550 milhas em seis dias. A corrente de Humboldt, como o vento, desloca-se subindo ao longo da costa sul-americana, deriva em um grande arco que passa pelas Galápagos e continua em direção Noroeste para, então, girar direto para oeste. Eu estava seguindo o arco da corrente e sendo levado mais ou menos na direção exata das Marquesas.

Tentei pescar, mas não consegui nada e, no décimo dia, colhi a linha quando vi a forma escura de uma baleia próximo ao *Acrohc*. A partir daí, não pesquei mais, a menos que eu pudesse ficar fora e manter um olho ao redor. Sempre me preocupei com a possibilidade de fisgar um golfinho e certamente não queria irritar uma baleia metendo um anzol em seu nariz. Muitos barcos já foram afundados nessas águas por baleias assassinas, e, embora eu tivesse certeza de que o *Acrohc* não afundaria, não desejava ser abalroado por uma delas.

Alguns dias depois (provavelmente no 15º, mas não faz diferença, os dias eram todos iguais), o tempo estava decididamente mais agradável, e o vento, mais razoável, de modo que pensei que seria bom dar uma conferida na situação das cracas. Claro, não estava nada legal. O repelente que arranjei na Venezuela era muito inferior aos outros que eu já tinha usado. Dessa vez, havia dois tipos de craca: o comprido, chamado de pescoço-de-ganso, e os comuns, em forma de cones.

O pescoço-de-ganso agarra-se ao casco com um músculo forte, mas flexível, que se projeta para fora da casca; eles são os mais difíceis de limpar. A craca comum, com forma de cone, pode ser raspada com relativa facilidade, mas ela é dura e a ponta do cone é muito cortante. Quando eu estava na água, limpando o casco, várias vezes me cortei raspando o corpo contra o casco. Esses cortes podem transformar-se em ulcerações, também chamadas de úlcera tropical. As úlceras são causadas por um pólipo coralino que penetra no corte, crescendo na umidade e no calor proporcionados pelo corpo humano. Elas são comuns nas ilhas tropicais, e é muito difícil se livrar delas, mesmo com o auxílio de antibióticos. Tive sorte de nunca ficar seriamente afetado, talvez porque eu sempre fui muito cuidadoso ao limpar e desinfetar qualquer corte que eu tivesse sofrido.

Fiz um serviço limpo, raspando as cracas do casco. Terminei a tarefa com apenas um par de arranhões, mas fui queimado por águas-vivas em dois lugares: no rosto e onde eu devia estar usando short! Contudo, a meia hora passada na água foi tempo bem aproveitado, pois bastou um vento leve para o *Acrohc* já voltar a deslizar suavemente na água, à estonteante velocidade de três nós.

Os dias passavam muito devagar, e eu já estava me aborrecendo. Fiquei com o traseiro ferido por ficar tanto tempo sentado, mas, fora isso, tudo corria bem.

Por volta do 17º dia, o tempo ainda estava melhorando. Conferi nossa posição e concluí que havíamos avançado outras 480 milhas. No dia seguinte, o *Acrohc* cruzou o ponto de meio caminho que eu havia marcado na carta. Meio caminho era sempre algo a ser considerado, pois, dali para frente, o percurso era "ladeira abaixo".

Chegando ao 23º dia, o tempo estava realmente bom, e estendi os cobertores para secar, com um suspiro de alívio ao pensar que não teria mais de dormir com cobertas úmidas. Esse já era o terceiro dia consecutivo em que eu conseguia manter a gaiuta aberta, apesar de os ventos estarem soprando diretamente por trás de nós e, por isso, estarmos cambaleando um bocado. Ainda não tinha conseguido pegar nenhum peixe na linha de arrasto, mas nem por isso me preocupei — eu tinha bastante mantimento, e só mil milhas a percorrer.

Os dias se passavam; só faltavam seiscentas milhas. Depois, só trezentas. Tudo corria bem, embora o vento insistisse em se intensificar à noite, o que interferia em meu sono, mas eu passava os dias muito bem para que isso chegasse a ser um problema. Escrevia, desenhava projetos de barcos ou simplesmente me sentava e meditava. Principalmente meditava. Com frequência, eu me surpreendia pensando em voz alta ou tendo longas conversas comigo mesmo. Acho que isso ajudava a manter as cordas vocais em forma. Quando tudo corria bem, eu até cantava, coisa que só faço quando estou só — eu sei como minha voz é horrível!

Certa tarde, quando eu me preparava para fazer uma sopa para jantar, ouvi uma batida no casco, seguida de um espadanar de água. Podia apostar que nós tínhamos batido em uma baleia adormecida e pulei para fora para me desculpar, antes que ela ficasse aborrecida demais. Entretanto, não era uma baleia, mas um atum, quase do tamanho de uma baleia. Ele passou corcoveando como louco, querendo pegar um dos peixes pequenos que estavam nadando junto ao *Acrohc*, procurando proteção. Um dos peixes fugitivos saltou para fora da água e acabou caindo no convés. Dei um pulo para agarrá-lo, mas não fui suficientemente rápido e ele caiu de volta no mar. Já haviam me dito que os peixes naquela área eram grandes, mas aquele atum deveria ter uns dois metros.

Meu apetite por peixe foi despertado. Eu queria um peixe de qualquer tamanho. A linha de arrasto estava pronta, com um anzol bem forte, embutido com arame de aço e uma linha de 250 quilos de resistência. Eu a amarrei no mastro com um amortecedor de borracha e, dois minutos mais tarde, percebi uma mordida. O peixe tinha tanta força que o puxão na linha fez o *Acrohc* se inclinar bastante, e o amortecedor de borracha foi esticando e ficando fino. Segurei a linha tentando evitar que a borracha arrebentasse e pensando que, mais cedo ou mais tarde, o peixe iria cansar. Mas logo cheguei à conclusão de que alguém ou alguma coisa tinha que desistir e não ia ser o peixe. De repente, ele parou de brigar e se mandou, levando a linha e arrebentando a borracha. Naquela noite, meu jantar foi sopa de feijão.

No entanto, eu não me dei por vencido: no dia seguinte, preparei uma nova linha e acrescentei uma outra, de segurança, caso o novo amortecedor de borracha arrebentasse. Dessa vez, ninguém fugiria, a menos que fosse mesmo uma baleia. Só que o atum gigante da véspera tinha ido e, nesse dia, não apareceu nenhum outro, à exceção dos peixes miúdos que nadavam em formação ao lado do *Acrohc*. Eu os reconhecia como sendo os mesmos que partiram comigo, no início daquele trecho. Eles iam crescendo dia a dia, e, à medida que ficavam maiores, eu também ficava mais tentado a pegar um para o jantar.

Dias a fio, tentei pescar um deles com um anzol pequeno, mas eles simplesmente o ignoravam. Minha arma de caça submarina era muito grande para eles, o que eu precisava mesmo era de uma espingarda de brinquedo. Resolvi fazer uma com todo o material disponível que havia a bordo. Usei o cabo do gancho de levantar peixes para fazer a base da espingarda e achei com facilidade a borracha que eu precisava. Como anzol, aproveitei a alça de minha lâmpada de querosene, com quatro ganchos na extremidade. Apanhei para fazer o gatilho, mas acabei achando todo o necessário em minha caixinha de pregos, parafusos e outras sucatas.

Depois de algumas horas, tinha em mãos um instrumento primitivo em todos os aspectos, pronto para ser testado. Como sempre, meus alvos nadavam despreocupadamente, próximos ao casco. Escolhi um dos maiores, atirei e errei, mas pelo menos a coisa funcionou. Tentei mais duas vezes e, enfim, acabei com dois peixes, o suficiente para uma boa refeição. Não sei de que espécie eram, mas seu sabor era bom. Na manhã seguinte, pesquei mais e fiz conserva para guardar.

Por que eu lutaria com um atum de quase três metros, quando eu podia escolher entre uma seleção de peixes menores, sempre à mão? Dali para frente, eu comi peixes sempre que quis, e apanhá-los foi também um bom passatempo para mim.

O *satnav* deu-me novamente a posição: faltavam 130 milhas para terra. Vínhamos fazendo uma média de oitenta por dia, e calculei que avistaria a ilha no dia seguinte. Tomei um trago por conta disso e, sem dúvida, avistei a ilha antes do pôr do sol. Eu havia sido informado pelo François, do *Mallamoc*, que encontraria uma baía muito bonita para ancorar. Na verdade, a baía das Virgens é famosa por ser a mais linda do mundo. Como nós estávamos ainda a vinte milhas, reduzi vela para dormir à noite e estar bem desperto pela manhã, para velejar ao redor da ilha, até a bela baía prometida.

Eu sabia que não havia porto de entrada lá e que deveria apresentar-me primeiramente em Hiva Oa para as formalidades, mas, depois de 35 dias de navegação, não podia mais esperar para conhecer a baía das Virgens.

A ilha era bela, e não tive que esperar o desembarque para descobrir o quanto seu povo é hospitaleiro. Assim que me aproximei da baía, um barco a remo veio a meu encontro e me indicou um bom ancoradouro. Mais tarde, quando dei meus primeiros passos em terra e encontrei alguns dos nativos, ficou evidente que qualquer um que se aproximasse deles voltaria com um monte de frutas. E eles não estavam interessados em vendê-las; parece que o dinheiro não importava para eles. Na maioria das vezes, eles estavam só dando a você um presente ou pediam em troca coisas que normalmente não eram de grande valor, como uma capa de chuva plástica, um rolo de barbante ou alguma ferramenta.

Não havia lojas grandes na vila, apenas um pequeno estabelecimento com pouquíssimas mercadorias no inventário, além de alimentos. Confesso que fiquei decepcionado por não encontrar uma cerveja, mas, em vez disso, bebi água de coco. Para meu deleite, comi camarões de água doce, que encontrei nos riachos que corriam pelos vales cobertos de vegetação.

Fiz belíssimos passeios pelas montanhas que circundam a vila e a baía, descobrindo, no percurso, que grande parte da ilha era luxuriante e abundante em frutos. Havia também animais selvagens e uma infinidade de peixes ao redor. Natural, pois, que eles não se interessassem por dinheiro, já que tudo do que eles precisavam estava lá. Eles não tinham televisão e não tinham o menor interesse em ouvir notícias do mundo pelo rádio.

É possível que, por alguns anos ainda, um barco a remo saia para receber um iate chegando, mas virá o dia em que o que nós chamamos de civilização os atingirá. Até o momento, pelo menos, ainda é a mais bela baía do mundo.

Na primeira tarde, vi um veleiro de velas quadradas, todas enfunadas, entrando lentamente baía adentro, parecendo uma cena de vários séculos atrás. Só que, dessa vez, não era nenhum descobridor espanhol; era um barco norueguês, em sua viagem de volta ao mundo. Quando me encontrei com sua tripulação, soube que o *Svanhild* era um navio de cem anos, reformado por um grupo de entusiastas da vela. Eles estavam se revezando para tripulá-lo nas diferentes etapas do tour de três anos que haviam planejado. Achei que aquela era uma grande ideia e acredito que deveria haver mais gente envolvida em projetos assim.

Passamos todas as tardes no *Svanhild*, conversando a respeito das pessoas que encontramos em nossas viagens. Frequentemente descobríamos que encontramos as mesmas pessoas. Eles também haviam encontrado, por exemplo, Dora e Magnus, os islandeses. Era muito agradável estar em dia com a movimentação dos amigos, por meio do "telégrafo do coco". De fato, cada iate tem notícias de outros iates, e assim é possível saber das andanças de alguns amigos.

No meu terceiro dia lá, desloquei o *Acrohc* para encostá-lo no *Svanhild* e tirar uma foto de nossos barcos tão diferentes, juntos. Em seguida, acompanhei-os em um agradável café da manhã ao estilo norueguês. Depois do café, chegou a hora de me retirar, pois eu tinha que reclamar meu ingresso nas Marquesas antes que as autoridades me descobrissem. Fiquei chateado por ter de ir embora; o lugar me deixou encantado, e não foi nenhuma garota — ou teria sido? É mais provável que tenha sido a atmosfera descontraída de uma ilha isenta de turistas.

Levei dois dias e meio para chegar à Hiva Oa, que estava a apenas 45 milhas de distância. Os ventos estavam fracos, e eu não quis usar o motor, porque a água de resfriamento não estava circulando por onde devia. Se fosse um motor dos antigos, eu teria consertado antes de sair, mas, nesse, foi um trabalhão só para achar a posição do termostato no meio da selva de cabos e alavancas e tubos que o rodeava.

Ainda assim, chegamos às águas tranquilas do porto tarde da noite, com um atum de noventa centímetros amarrado ao lado da cabine. Eu o havia apanhado pouco antes do anoitecer, ao me aproximar da terra. Pretendia limpá-lo pela manhã, mas, quando amanheceu, ele estava malcheiroso e cheio de moscas. Desculpei-me por isso, mas tive que lançá-lo pela borda do barco; pelo menos os caranguejos teriam o que comer.

Lá havia lojas, um bar, um banco, um posto policial e uma agência do correio. Minhas economias não foram poupadas por nenhum deles — eu estava de volta ao mundo real. Para início de conversa, quando você visita a Polinésia Francesa, tem que depositar o equivalente a uma passagem aérea de volta ao seu país de origem. Se isso não acontecer, você terá que se manter afastado de todas as ilhas francesas do Pacífico, inclusive o Taiti, pois eles não expedirão um visto.

Henry, meu irmão, veio a meu socorro novamente e mandou por Telex uma ordem bancária ao Taiti. Dentro de três dias, estaria tudo bem. É certo que aquela pequena transação não foi barata. Com as taxas de transferência e a perda dos juros, enquanto o valor esteve retido, eu avaliei que cada pessoa que peça um visto gastaria duzentos dólares. O *Svanhild*, com sua tripulação de 21 pessoas, deve ter sido bem-vindo para o banco local. Eles chegaram um dia depois de mim, e ficamos lá três dias. Não era um mau lugar, quase o mesmo que Fatuhiva, só que tudo muito caro, exceto as moscas da praia.

O único lugar que eu visitei lá foi a última casa de Paul Gauguin, o famoso pintor (ele agora está no cemitério). O que restou de meu tempo foi gasto com papelada, burocracia e atualização de correspondência.

Certa manhã, o *Svanhild* saiu para visitar o norte da ilha, e, mais tarde, depois de dar uma raspada no casco, também saí. Eu deveria estar no Taiti pelo Natal, pois meu irmão Silvio me encontraria lá em suas férias e eu já estava ansioso para ver alguém da família. Com ventos bons, eu conseguiria isso facilmente, com uma parada nas ilhas Tuamotu.

Mais uma vez, saímos pelo mar calmo, e, mais do que nunca, eu precisava pôr o sono em dia; essas paradas curtas eram um desastre em matéria de festinhas até alta madrugada. Entretanto, dormir estava fora de cogitação na primeira noite. Pancadas de chuva duraram toda a noite e, no dia seguinte, ainda estavam suficientemente violentas para levar outro balde do convés. O restante da viagem de sete dias foi melhor, mas bastante quente e até desconfortável, sempre que eu tivesse que manter a gaiuta fechada. Houve algumas ocasiões agradáveis nessa etapa, com tardes tranquilas, em que os golfinhos ficavam nadando pelo mar de plâncton até tarde da noite. Eu ficava observando horas a fio, até dormir bem repousado naquelas noites calmas — isso era raro, mas sempre um espetáculo.

Certa manhã, Manihiki apareceu no horizonte, e, algumas horas depois, o *Acrohc* navegou pela entrada do porto e foi amarrado no cais ao lado do *Blue Spurr*, um iate inglês com uma tripulação de quatro pessoas, que eu havia encontrado em Fatuhiva. Quando coloquei o pé em terra, eles vieram me contar a festança que estavam tendo com os nativos. Todas as noites, os ilhéus vinham até o cais e ficavam tocando o ukulele até altas horas, não apenas para agradar as duas garotas a bordo, mas também porque não havia muita coisa além disso para fazer.

A maior parte dos nativos se dedicava ao cultivo de pérolas nas águas protegidas da lagoa, que era grande e rasa. De todas as ilhas rasas dessa lagoa (atol), somente aquela tinha uma vila. Havia uma centena de pessoas vivendo ali, e logo descobri que eram as pessoas mais amistosas da face da terra. Eles, assim como a maioria dos polinésios que conheci, não viam nada de mais em eu estar viajando em um iate de apenas 12 pés, só um pouco diferente. Talvez fosse porque eles são descendentes de navegadores brilhantes, que exploraram todo o Pacífico por astronavegação, muito antes que nós tivéssemos inventado a bússola.

Se as condições de amarração do *Acrohc* tivessem sido melhores, eu teria ficado lá por mais de dois dias, mas havia uma correnteza muito forte e a agitação tornava o sono difícil.

O atol de Ahe estava a apenas um dia de vela. Haviam me informado que era um lugar ainda mais bonito, onde eu poderia velejar pela lagoa e ancorar no cais junto à vila. Aparentemente, o único problema seria atravessar sua entrada na hora apropriada, quando a corrente da maré fosse favorável.

Foi uma velejada fácil até lá, apesar de eu ter me enganado com o horário das marés, e tido que usar o motor, por causa da força da correnteza, na passagem. Mas não estava sozinho, o *Blue Spurr* cometeu o mesmo erro. A partir de então, usei o motor sempre que precisei, com ou sem água de refrigeração. Na verdade, não o consertei pelo resto da viagem, e, para minha surpresa, ele não fundiu.

Navegamos cruzando a lagoa e, em vez de ficar os dois dias que havíamos planejado, o *Blue Spurr* e o *Acrohc* ficaram lá seis dias.

Um dia foi dedicado a uma fazenda de pérolas, onde aprendi muito a respeito daquelas bolinhas. Lá eles cultivam as negras. Nenhuma era realmente negra, mas a variação nas tonalidades é fascinante. Os cultivadores recolhem a madrepérola jovem, ou nácar, deixando uma tela plástica na água por cerca de um mês. Então, selecionam as melhores e nelas implantam um núcleo de pérola — um pedacinho redondo de nácar —, colocando-as de volta na água, protegidas por gaiolas de arame. Em cerca de um ano, a madrepérola faz crescer uma camada protetora sobre o corpo estranho, o que, no fim das contas, se transforma em uma pérola, desejavelmente lisa e redonda. É aí que elas se tornam "bolinhas" muito valiosas.

Também dediquei um dia mergulhando com *snorkel* em companhia de um dos iatistas, explorando os recifes dentro da lagoa. Uma infinidade de peixes nadava entre os belos corais, oferecendo alimentação aos muitos tubarões, que, consequentemente, ignoraram nossa presença ali.

O atol é um dos lugares favoritos dos iatistas, não apenas por sua beleza, mas também pela presença de um casal amável, franco-escocês, que vive lá há muitos anos. Eles foram aceitos pelos nativos e vivem uma vida frugal em uma típica cabana da Polinésia, com suas duas crianças. Eles eram, anteriormente, um casal de iatistas que acabou se estabelecendo no local para viver uma vida tranquila na natureza das ilhas, acreditando ser lá o melhor local para criar os filhos. Eles funcionam como um "telégrafo coco" não oficial e se sentem sempre felizes de passar informações sobre outros barcos que tenham visitado o atol.

Ahe também era um local para dormir pouco, mas eu nunca reclamava. Os nativos de lá também tocavam o ukulele muito bem, e, se eu ficava acordado até tarde, era porque estava me divertindo a valer.

Capítulo 11

TAITI

No domingo, despedi-me dos habitantes da vila e, juntamente com o *Blue Spurr*, dirigi-me à passagem de entrada da lagoa do atol. Dessa vez, foi com a correnteza a favor!

Quase não havia vento no mar, mas, pelo menos, eu podia dormir. Novamente fui logo deixado para trás, enquanto o *Blue Spurr* desaparecia em direção ao Taiti. Eles iam via Rangiroa, enquanto eu navegava direto para o Taiti através dos atóis. Durante os primeiros dois dias, o vento foi brando, mas logo se transformou em vento forte de proa e o *Acrohc* começou a errar em todas as direções, menos na certa. Senti-me um pouco pressionado, à medida que eu percebia, cada vez mais, que a chegada ao Taiti levaria mais do que o previsto. Esse é o tipo de coisa que não costuma me aborrecer, mas, dessa vez, eu queria chegar a tempo de passar o Natal com meu irmão. Eu também queria reaparelhar o *Acrohc* enquanto eu estivesse lá e, assim, o Taiti não era apenas mais um ponto de escala.

A etapa era de apenas 270 milhas, e os ventos predominantes eram, como esperado, confiáveis, mas se passaram seis dias antes que eu avistasse o Taiti. Entramos no porto ao anoitecer, e logo localizei o *Dora*. Subi a bordo para passar a noite pondo em dia as novidades. Eles fizeram a mesma rota que eu, só que aportaram em diferentes ilhas; haviam chegado uma semana antes e estavam esperando um novo piloto automático, que seria enviado da Islândia — o velho pifara durante uma tempestade. Como muitos outros iatistas comodistas, Magnus e Dora não gostavam do trabalho constante de ficar no leme do barco.

Naquela noite, eles me falaram sobre o lugar, onde eu encontraria as autoridades, o mercado de frutas, a agência do correio, os bancos e as melhores oficinas de reparos de barcos e de velas. Em cada porto, sempre há um iatista que já está lá e transmite as informações aos recém-chegados. Isso permite ganhar bastante tempo.

Bem cedo, no dia seguinte, fui ao correio, onde havia notícias de casa esperando por mim. Silvio deveria chegar dia 30 de dezembro, ainda a tempo para a reunião de véspera de Ano Novo.

Levei o *Acrohc* até a praia Maeva, amarrando-o em frente a um grande hotel, onde não havia ruído de tráfego nem taxas de ancoragem. Amarrei a proa do *Acrohc* a um paredão, de modo a ser fácil entrar e sair, sem necessidade de uma catraia. O *Dora* e o *Blue Spurr* juntaram-se a mim dois dias depois.

Tivemos uma bela ceia de Natal a bordo do *Dora*, e então chegou o Silvio. A reunião foi muito feliz, e eu estava tão ansioso por todas as notícias de casa, que passamos a noite inteira conversando. No dia seguinte, alugamos um carro, não só para percorrer a ilha, mas também para ter onde dormir. O *Acrohc* não tinha lugar para nós dois, de modo que nos alternamos entre o carro e o barco — os hotéis de lá são só para milionários.

Silvio ficou popular entre os iatistas e fez algumas amizades entre os taitianos. É mesmo uma pena que o Taiti seja um dos lugares mais caros do mundo, e isso, somado às dissensões entre os franceses e os polinésios, nos deixa um permanente mal-estar.

O primeiro sinal de sentimento antifrancês foi a tentativa de sequestro, na Nova Zelândia, do avião em que Silvio viajava para o Taiti. Depois, como se isso já não bastasse, descobrimos que os taitianos pensavam que nós éramos franceses, só porque estávamos falando na língua. Isso nos causou problemas algumas vezes. Achamos de bom tom parar de falar francês enquanto estivéssemos lá. Provavelmente, lá não é um lugar recomendado para férias! Silvio encurtou sua estada para dez dias, e eu fiquei só três semanas, apenas o suficiente para que fossem feitos os reparos necessários no *Acrohc*.

Sem dúvida, o Taiti é um belo lugar, mas tudo é extremamente caro e a gente se sente muito pobre lá — ir a um restaurante, por exemplo, está fora de cogitação. Os salários lá são altos e livres de impostos. O governo só faz incidir impostos sobre as mercadorias, e, assim, qualquer coisa lá custa pelo menos o dobro do normal. Isso pouco afeta os taitianos, porque seus salários também são duplos, mas não é tão aceitável para os turistas.

Comprei suprimentos suficientes apenas para o trecho até as ilhas Cook, a seiscentas milhas de distância, e fiquei muito feliz de sair de lá à procura de pastagens mais verdes e menos caras. Estava preocupado com minha chegada à próxima escala, porque fui burro de colocar minha sacola de viagem sobre a gaiuta de nosso carro alugado enquanto fazia outras coisas e, esquecendo ela lá, saímos do lugar. Assim que percebi, voltamos ao local, mas a sacola já não estava mais ali. Não havia cônsul australiano no Taiti, e o mais próximo em minha rota ficava em Tonga. Por isso, até chegar lá, minha esperança era que o pior que poderia acontecer seria me ser negado o acesso a um porto, sem que eu fosse jogado em uma cadeia.

Como quando eu saí de Darwin, estávamos novamente na estação dos ciclones. Os quatro que eu tive que suportar deveriam ter me ensinado a lição, mas, no momento, eu estava convencido de que o *Acrohc* era capaz de aguentar qualquer tipo de tempo. Além disso, nem mesmo ciclones conseguiam me prender no Taiti — eu só não aguentava mais aquele lugar.

Dessa maneira, deixei o Taiti, navegando pela lagoa do atol, e, para não perder o costume, encalhei. Felizmente, não foi coisa séria, e consegui empurrar o *Acrohc* para águas mais profundas, atravessando a passagem e entrando em mar aberto de novo.

Nos primeiros dias, não houve muito vento, mas um monte de pancadas de chuva. Esse trecho não devia levar mais do que oito a dez semanas. Comecei a duvidar da existência dos ventos alísios, pois o único vento que eu encontrava era o das chuvas, que nem sempre soprava na direção certa. Era horrível acordar e descobrir que o comando do leme havia seguido fielmente as mudanças do vento, enquanto eu dormia, e que estávamos navegando em uma direção totalmente errada.

Cheguei a desejar um ciclone... que fosse pequeno, mas que trouxesse algum vento decente. O último deles havia passado por Samoa e depois mudou a direção para sudeste, passando a 350 milhas de nós. Eu soube, pelas ondas curtas, que ele fez um estrago danado em Samoa, mas dele eu não recebi nenhum sopro.

Estava ficando chateado mais uma vez, e nem mesmo os peixes estavam mordendo a isca. Houve um dia em que quatro dourados passaram nadando juntinho do barco, mas, por mais que eu tentasse, não consegui fisgar nenhum. Já o *Acrohc* navegava tão lentamente que nem os tubarões se interessavam por minha linha de arrasto. Um deles tirou um pedaço da minha isca, mas logo a cuspiu de volta.

Foi somente depois de dez dias de brisa leve que o vento, aos poucos, começou a enfunar as velas. Um peixão apareceu, estava atrás de um pequeno que estava nos acompanhando. Rapidamente eu lancei a linha, com esperança de uma pesca pesada. Ele atacou a isca direto e a levou, rompendo o arame de aço. Tá bom... O que é que eu ia fazer com um peixe daquele tamanho? Refiz a linha de arrasto e dei-lhe ordens para encontrar um peixe menor. Fui obedecido pelo menos daquela vez e, em pouco tempo, estava tirando filés de um bonito de trinta centímetros.

Já era tarde da noite, e eu já havia jantado, mas ainda pude apreciar uns pedaços do peixe cru, temperado em molho de limão. O restante eu guardei em conserva. Há duas maneiras de conseguir isso: ou a gente ferve o peixe em água e vinagre, e o peixe se conserva por alguns dias, ou colocamos o peixe cru em um frasco com água ou vinagre, fechamos hermeticamente e levamos o conjunto para ferver. Pelo segundo método, o peixe se conserva por muito mais tempo. De qualquer modo, eu sempre acrescentava bastante tempero.

No 11º dia, um cargueiro passou a apenas algumas centenas de metros de minha popa e nem tomou conhecimento de nós. Logo depois, o vento começou a aumentar, e passamos à marca da metade do percurso naquela noite, entre várias pancadas de chuva. Ventos mais fortes vieram e passaram a empurrar o *Acrohc* a três nós. Poderíamos até ir um pouco mais rápido, mas as ondas se tornaram impróprias, jogando-nos para todos os lados.

No dia seguinte, ainda estava pior, e eu tive que reduzir a vela, navegando apenas com a auxiliar. Assim ficamos pelo resto do percurso, não só pela força do vento, mas também porque descobri um rasgo na testa da vela-mestra e vários cortes ao longo do pé. Seria melhor não utilizá-la, pois os rasgos poderiam aumentar e até acabar de vez com a vela. Ela teria que ser consertada no próximo porto; enquanto isso, a auxiliar seria suficiente.

Finalmente, uma tarde, faltavam apenas 45 milhas para cruzar a Aitutaki, uma das ilhas Cook. Era a distância perfeita para que eu chegasse lá pela manhã. Assim foi; logo que o sol apareceu, no dia seguinte, eu avistei a ilha a cerca de dez quilômetros. A viagem durou 15 dias, o dobro do que deveria ter levado.

Aitutaki é um grupo de ilhas formando um atol. Uma ilha central mais alta e as outras ao redor. Só havia um porto e apenas uma passagem para entrar na lagoa. Conseguimos chegar à passagem, e o tamanho do *Acrohc* despertou a curiosidade de outro barco, que voltava de um passeio de mergulhos. À medida que iam fazendo perguntas, eles me mostraram o caminho pelo canal raso até o cais. Amarrei no porto e, em pouco, estava conversando com os nativos, que falam tanto o maori como o inglês, pois o arquipélago de Cook é politicamente ligado à Nova Zelândia.

Senti-me aliviado em saber que não havia nenhuma revolução sendo planejada por lá. Todo mundo era amistoso e cooperativo, se bem que não muito confiável. Observei isso em muitos locais de clima quente, onde "em uma hora" quer dizer "amanhã" e "amanhã" quer dizer "daqui a alguns dias". Foi provavelmente por isso que o homem da imigração não apareceu, e, quando fui procurá-lo no dia seguinte a minha chegada, ele me pareceu confuso, porque eu não tinha um passaporte. Entretanto, ele pareceu ficar satisfeito usando como identificação os papéis de registro do *Acrohc*.

Permaneci lá seis dias, tempo suficiente para conhecer os nativos, comprar suprimentos e ver os dançarinos da ilha, que se apresentavam aos poucos turistas nas noites de sexta-feira. As ilhas Cook também são polinésias, mas suas danças diferem das dos taitianos — elas são muito mais movimentadas.

Conheci também o padre George, o sacerdote católico residente na ilha. Com seu sotaque levemente holandês, convidou-me para ir a sua casa, onde me mostrou com orgulho sua coleção de "livros de honra", com assinaturas de visitantes. Durante quarenta anos, ele registrou milhares de assinaturas, e parece que há uma história para cada uma. Eu tive a honra de pôr a primeira assinatura do oitavo volume. Livros como esse proporcionam uma boa fonte de referência para saber do paradeiro dos amigos em cruzeiro. É uma vergonha que não haja alguém com esse hobby em cada porto. Há outros por aí, mas o padre George tem a melhor coleção de livros de honra de visitantes que eu já vi.

Ele me falou muito sobre o iate de nove pés *Winds Will*, que detinha o recorde de menor barco que cruzou o Atlântico. Seu piloto, americano, Bill Dunlop, tentou estabelecer o recorde para o Pacífico também, mas, depois que partiu de Aitutaki, dois anos antes de minha visita, nunca mais foi visto. Eu ouvi muito a respeito dele e de seu barco e senti que nós dois tínhamos muito em comum. É uma pena que nunca o tenham encontrado!

Padre George não tinha dúvida de que eu seria bem-sucedido. Ele achou o *Acrohc* um barco seguro e acreditava que eu tinha tomado todas as precauções em seu preparo e construção. Torci para que ele estivesse certo. Na segunda-feira seguinte, eu estava pronto para largar e caminhei até o escritório da imigração para me liberar. Encontrei o oficial da imigração em sua sala, mas ele me informou que era seu dia de folga e eu teria que esperar até o dia seguinte, quando ele estaria de volta ao serviço. Se ele não estava disposto a gastar meros cinco minutos comigo, eu também não estava disposto a esperar um dia inteiro e saí sem ser liberado.

Às quinze horas, eu soltei as amarras, liguei o motor e encalhei na passagem, mas logo estava de volta a mar aberto, com a velha sensação de que, mais uma vez, eu não havia permanecido o suficiente em terra. Eu deixava para trás uma bela ilha do Pacífico, com uma lagoa cheia de peixes e ótimos lugares para mergulhar. Eu não tinha tido nem mesmo a oportunidade de conhecer as bonitas mulheres da ilha. É verdade, não havia dúvida de que eu devia ter ficado mais de seis dias, mas também não podia negar que eu tinha pressa em voltar para casa. Era triste pensar que eu estava usando alguns dos mais belos lugares da Terra como meros pontos de escala. Tonga, distante novecentas milhas, seria a próxima.

Como sempre, eu esperava bons ventos. No primeiro dia, ele mal apareceu, mas, no segundo e no terceiro, ventanias produziram ondas fortíssimas, que rebentaram contra o *Acrohc*. Não me preocupei muito, porque estava ficando acostumado com tempo ruim. Entretanto, uma onda particularmente maldosa varreu o convés e estourou contra a vela-mestra. Minha fiel vela-mestra, que até então resistira a tudo que havia investido contra ela, ganhou um rasgo feio na base. Se eu ainda quisesse usá-la para algo, teria que recolhê-la naquele mesmo instante para reparo. Não era uma operação muito segura durante o temporal, mas não havia escolha; uma vela rasgada e batendo não duraria muito naquelas condições. Além do mais, eu iria levar um banho enquanto estivesse lá fora. Consegui recolher a vela com muita dificuldade e a amarrei com toda a segurança possível. A vela auxiliar teria que quebrar o galho por enquanto. Afinal, essa não era a primeira tempestade que eu tive que enfrentar.

No dia seguinte, a Austrália perdeu a Copa América, e sossegamos. Descobri também que, se quisesse que o *satnav* continuasse funcionando, eu precisaria de uma nova bateria. Minha velha e fiel bateria já não conseguia segurar a carga por muito tempo. Primeiramente, desconfiei que houvesse um defeito nas ligações, mas depois descobri que um dos elementos tinha pifado. Eu teria que tratar a bateria com carinho até chegar ao próximo porto. Eu já havia me acostumado com o *satnav* e não estava querendo apanhar do sextante de novo. Diferentemente dos navegadores "puristas", eu acredito, tenho a forte convicção de que se deve ter a bordo um sextante com fim decorativo e, talvez, como uma solução de emergência. Sem dúvida, é um instrumento com bastante mérito, e concordo que seu uso ainda deve ser ensinado nas escolas de navegação, mas está meio esquecido na era da computação. Isso me leva de volta a minha teoria de como nós nos tornamos "moles" tão facilmente; está visto, primeiro é um calendário, e, agora, o *satnav*!

Durante os 16 dias seguintes, tivemos todo tipo de tempo, e os mais aborrecidos eram as pancadas de chuva, a total ausência de vento e os ventos de proa. Estávamos na estação dos ciclones. Com um pouco de sorte, podíamos escapar deles, mas não havia jeito de escapar das frequentes cargas-d'água. Na estação dos ciclones, os ventos alísios, normalmente confiáveis, tornam-se confusos, e acontecem longos períodos de calmaria. É também úmido e muito quente.

Nos períodos de calmaria, fiz funcionar o motor para recarregar a bateria, de modo que eu pudesse usar o *satnav*.

No 17º dia, outro dia brabo, estava me aproximando de Tongatapu e tive que permanecer de vigia toda a noite, porque não tinha uma carta da área em escala grande. Minha melhor carta mostrava apenas os contornos da ilha sem muito detalhe, e eu precisava ficar atento às luzes do porto e especialmente aos recifes. No Taiti, procurei uma carta melhor de Tongatapu, mas a única coisa que consegui foi uma cópia feita a lápis, que arranjei do iate *Dora*. Parecia mais um "mapa do tesouro" dos piratas do que uma carta. Era bonita, mas não tinha nenhum valor para navegação.

Na manhã seguinte, cheguei a avistar terra, mas estávamos fora da direção e tive que voltar bordejando contra fortes ventos. Resolvi cortar caminho, coisa que eu nunca teria feito se tivesse cartas apropriadas, pois essa rota me levou através de uma malha de recifes que foram se tornando cada vez mais rasos, até o ponto em que o *Acrohc* bateu nos bancos de coral. Houve um momento em que estávamos em águas de apenas sessenta centímetros e era muito tarde para fazer a volta, então puxei firme as velas para poder inclinar o barco o suficiente para levantar a quilha e, assim, nos soltar de cada um dos recifes em que ficamos presos.

O motor de popa ultrapassou nossas expectativas. Não só chegou a trabalhar sem água de resfriamento, como a lâmpada da pressão de óleo também acendeu. Metade do tempo andei com a hélice fora da água e a ângulos impossíveis. Apesar de o manual indicar "não guarde deitado de lado", não o proibia de funcionar deitado.

Quando enfim nos safamos daquela emboscada, lancei a âncora na praia defronte a um hotel da pequena ilha Atata e descansei; afinal, há limites para o que um homem pode aguentar. Como estava próximo da areia, nadei até a praia para tomar uma cerveja, antes de me dirigir ao porto, ainda distante uns oito quilômetros, do outro lado da baía.

Permaneci muito tempo em terra, e, quando voltei ao *Acrohc*, ele estava inclinado a 45 graus, por causa da maré baixa. Resolvi não me aborrecer, pois a maré alta deveria vir por volta da meia-noite, quando eu poderia me afastar um pouco mais da praia. Eu velejaria até a cidade pela manhã.

Meu plano teria funcionado, mas, no escuro, nós ficamos batendo em bancos de coral em qualquer direção que fôssemos e acabei não encontrando nenhuma passagem que tivesse a profundidade necessária. Fiquei tão enjoado de tanto tentar que resolvi passar a noite encalhado. A maré foi abaixando, e o *Acrohc*, inclinando, até que, às seis horas, ele estava deitado de lado, em apenas vinte centímetros de água, e estávamos cercados por bancos de coral. Emendei todas as cordas que eu tinha e amarrei uma âncora em uma extremidade. Saí andando com a âncora até a borda do recife, lancei-a e fiquei esperando a maré subir. Enquanto isso, tratei de desinfetar todos os cortes e arranhões nos pés e nas pernas, que ganhei enquanto andava sobre o coral.

Quando a água chegou aos noventa centímetros, comecei a puxar a corda amarrada ao mastro, para fazer o *Acrohc* deslizar de lado. Desse modo, e com um pouco de ajuda do vento, que estava forte, consegui deslocá-lo centímetro por centímetro por sobre o recife. À noite, estávamos ancorados em águas de seis metros de profundidade. Estava meio tarde para me dirigir ao porto, e soprava um vento forte em sentido contrário, por isso preferi fazer uma limpeza no interior do barco, que ficou imundo com todas essas manobras de desencalhe.

Meu trabalho foi interrompido por uma visita do pessoal do hotel. Eles me persuadiram a voltar com eles para tomar uns drinks e garantiram que me levariam de volta ao *Acrohc* mais tarde. Eu não poderia recusar tal oferta.

No dia seguinte, liguei o motor e fui até a cidade, evitando com sucesso vários bancos de coral pelo caminho. Lá pelas dez horas, finalmente cheguei ao pequeno porto de Nucualofa. Estava bem cheio de embarcações, pois, com o mau tempo, os barcos de pesca não saíram; mesmo assim, consegui me espremer entre eles e me amarrei em um iate grande. Passei a vista pelo cais e lá vi Melissa, a garota que eu tinha conhecido na Cidade do Cabo, esperando por mim. Nós não pretendíamos que o relacionamento que tivemos lá continuasse, mas manteríamos contato. Quando estive na África do Sul, ela me disse que queria deixar o país por diversas razões. Depois de visitar a Austrália, ela decidiu fazer de Tonga seu novo lar. Eu sabia que iríamos nos encontrar lá, e achei que essa era uma boa razão para uma parada maior do que a usual, aproveitando para um bom descanso.

Antes de mais nada, entretanto, eu precisava legalizar minha situação. Não tinha passaporte e não tinha dado saída em meu último porto de escala. Também não tinha registro de tripulação; na realidade, nada além dos documentos de registro do *Acrohc*. Era uma situação pouco usual, mas as autoridades de Tonga foram pacientes. E, como eu recebi um novo passaporte do Alto Comissariado Australiano no mesmo dia (o que me deixou em situação quase legal), eles decidiram ignorar os outros documentos.

Melissa e eu encontramos uma casa de hóspedes aconchegante a preço razoável, e lá comecei a descansar, depois dos eventos de minha última etapa. Eu preferia ficar no *Acrohc*, pois, embora estivesse em um porto seguro, não me agradava a ideia de ficar afastado dele por muito tempo. Mas, imagine só, eu o visitei diariamente.

De acordo com Melissa, todos os meus pertences estavam precisando de uma boa lavagem. Acho que minhas coisas estavam cheirando mal por estarem úmidas o tempo todo, mas acabei me acostumando com o cheiro. Melissa também deu uma boa escovada no interior da cabine, e tenho que admitir que, depois disso, ela ficou com um aspecto muito melhor. Depois de completadas essas pequenas tarefas, nós começamos o turismo.

Tongatapu é a ilha principal do Reino de Tonga. Apesar disso, é uma ilha pequena, e a excursão turística não levou muito tempo. Em poucos dias, visitamos as escavações, os restos dos túmulos reais e até os "morcegos reais" — assim chamados porque só a família real pode caçá-los. Fomos ver também um antigo trílito chamado Ha'amonga 'a Maui, duas rochas coralinas de quarenta toneladas, em posição vertical, com uma verga as unindo. Disseram-me que uma pequena figura entalhada na rocha era um calendário sazonal. No passado, a estrutura completa fora o portal de entrada de um palácio real que não existe mais. Outro atrativo de Tonga é o artesanato, muito popular entre os turistas.

Assim como na maior parte da Polinésia, em Tonga também se faz uma lâmina de casca de árvore, que eles chamam "tapa". Eles tiram a casca dessa árvore e a encharcam com água do mar, sovam-na com umas marretas de madeira até que ela fique bem fina e depois as decoram com pinturas, cujas tintas também são tradicionalmente extraídas de plantas. Eu quis experimentar malhar as lascas com os batedores que eles usam, mas eles acabaram me zombando — parece que esse é um trabalho exclusivo das mulheres!

A fabricação de cestas também é popular, assim como o entalhe em madeira e em coral negro. Fiquei muito feliz em encontrar os irmãos e primos de Tonga Bill, o camarada que fez o entalhe no gurupés do *Acrohc*. Seus parentes também eram bons entalhadores, mas ainda acho que Tonga Bill é o melhor. Foi uma pena que ele não estivesse em Tonga quando passamos por lá. Disseram que ele havia se casado em Reunião com Christine, uma garota francesa, e parece que eles ainda estavam velejando, àquela época, pela Nova Zelândia, e eram esperados em Tonga dentro de alguns meses.

Melissa e eu também nos apertamos no *Acrohc* para um passeio a uma ilha próxima, no domingo. E, por falar em domingo, em Tonga esse dia é reservado para ir à igreja. Qualquer um que for encontrado trabalhando, dançando ou fazendo qualquer coisa desse tipo está correndo o risco de ser multado. De turistas ainda se tolera, mas, se estiverem sem camisa na rua, serão multados também, pelo "pecado imperdoável".

O rei governa as ilhas da maneira mais tradicional. Se não fossem algumas coisas modernas, como carros e telefones, você se sentiria de volta à Idade Média por completo, com realeza, nobres e cidadãos comuns.

Outra coisa estranha com os tonguenses é que eles podem tornar-se muito amistosos e desejosos de serem agradáveis. Isso nem sempre é boa coisa, porque eles podem responder a você com um "sim" ou um "não", dependendo da resposta que, eles acham, seria a mais agradável. Mais confusa ainda é a maneira como eles dizem "sim". Em vez de assentir com a cabeça, eles levantam a sobrancelha.

Até agora não sei como eles dizem "não", mas sei que não é balançando a cabeça, pois um dia eu pedi, a uma senhora, água para encher o tanque de água potável do *Acrohc*, apontando, em dúvida, para seu tanque de água da chuva e depois para os camburões que eu estava carregando. Ela balançou a cabeça vigorosamente, como dizendo "não"! Eu disse "obrigado", do mesmo jeito, e me virei para sair, mas ela me chamou de volta e apontou para o tanque, e eu compreendi que podia abastecer-me. Tive que fazer três viagens, e cada vez a cena se repetiu. Algum tempo depois, veio-me a ideia de que ela, com certeza, não estava dizendo "não" para mim, e eu ri à vontade, pensando que não era à toa que eles acham que todos os *palangis* (estrangeiros) são birutas.

Eu, pelo menos, devo ser, porque, quando uma turma de operadores de TV de Brisbane apareceu em Tonga para filmar o *Acrohc*, tive a brilhante ideia de velejar até Atata, aquela ilha toda cercada de recifes de coral, onde eu aportei primeiro. O pessoal queria umas tomadas do *Acrohc* velejando, com um lindo nascer e pôr do sol; eles também queriam filmar um espetáculo noturno de danças tonguenses, que seria levado nos jardins do hotel.

O pôr do sol foi estragado pelas nuvens, e eu acabei metendo o barco no banco de coral outra vez (felizmente, não tão mal). As danças valeram a pena ver, e, entre os "artistas", eu reconheci a balconista do bar, o cozinheiro, os jardineiros — na realidade, a maioria dos funcionários do hotel e ainda alguns pescadores. Eles se mostraram com danças verdadeiramente tradicionais, e era fácil ver que eles se divertiam ao dançar, tanto quanto nós ao apreciar. Foi uma noite gostosa, mas o nascer do sol também falhou, porque uma pancada de chuva se interpôs. Foi demais, depois de ter levantado às 4h30 da madrugada!

Embora os tonguenses fossem, no passado, uma raça feroz de guerreiros, Tonga foi chamada pelo capitão Cook de ilhas amistosas graças à recepção calorosa que ele teve quando chegou, mas também porque desconhecia o propósito deles de botar fogo em seu navio por seus metais (tão preciosos para os habitantes das ilhas do Pacífico). Ele se foi antes do acontecimento e, sem saber, estragou os planos dos nativos. Assim, as ilhas amistosas permaneceram amistosas, e os guerreiros tiveram seu plano frustrado. Eles, agora, não queimam mais navios, e o nome está bem aplicado... afinal, eles apenas queriam alguns pregos!

Tonga está situada bem ao lado da Linha de Data Internacional, onde o domingo vira oficialmente segunda-feira. Dizem que Tonga é o lugar onde o tempo começa, mas para mim, ele apenas continuou.

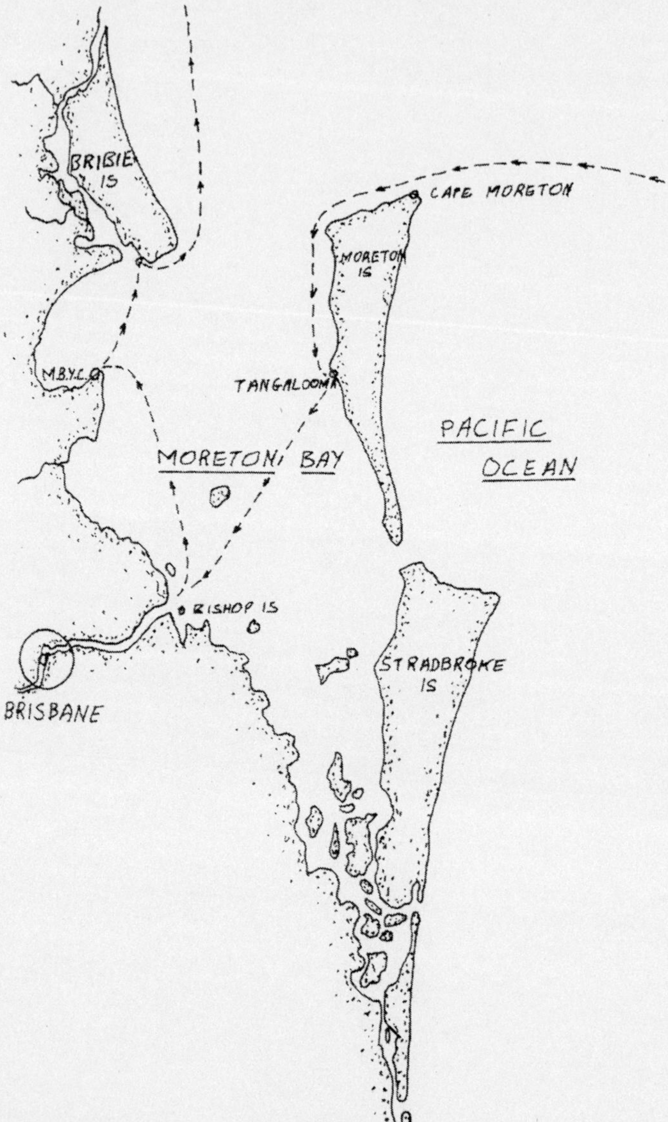
BRIBIE IS
CAPE MORETON
MORETON IS
M.B.Y.C.
TANGALOOMA
PACIFIC OCEAN
MORETON BAY
BISHOP IS
STRADBROKE IS
BRISBANE
SOUTHPORT

Capítulo 12

VOLTANDO PARA CASA

O *Acrohc* estava de bateria nova, velas remendadas, cabine limpa, e tinha sido bem raspado abaixo da linha de água. Estava também com o tanque de água potável cheio e bem abastecido de provisões. Eu tinha tido um bom descanso e estava pronto para me pôr a caminho da grande recepção em casa, com cerimônia programada para 16 de maio pela prefeitura de Brisbane. Os organizadores do evento concordaram com aquele dia, para que eu pudesse aproveitar a corrente favorável da maré, que se processaria no rio às 6h15 da manhã, chegando ao lugar onde o *Acrohc* havia sido lançado, às catorze horas. O prefeito (*Lord Mayor*) me daria as boas-vindas, e, em seguida, o *Acrohc* seria posto em exposição. Por coincidência, comemorava-se em Brisbane o Ano do Rio, e, assim, a Câmara dos Vereadores queria reforçar as comemorações. Na verdade, pediram-me que me mantivesse oculto enquanto não estivesse já no rio e que evitasse a mídia até chegar à cidade.

Eu tinha minhas dúvidas sobre a possibilidade de satisfazer seus planos, pois, embora o *Acrohc* tenha ficado muitas vezes sobre a água, ele certamente não era um submarino e eu estava certo de que nós seríamos localizados assim que chegássemos à baía Moreton. Há sempre um monte de barcos de pesca na baía e alguém, sem dúvida, contataria a mídia assim que nos avistasse. Mas quem eu era para discutir? Achei melhor agir de acordo com seus planos.

Não é fácil para um barco à vela chegar a qualquer lugar em uma data preestabelecida. Entretanto, o plano era uma velejada de vinte dias até a ilha Norfolk, duas semanas de descanso lá e, então, mais duas semanas de vela até a baía Moreton. Escolhi a rota da ilha Norfolk, mais pelo sul, em vez de ir via Noumea. Eram cem milhas a mais, mas reduziria a probabilidade de eu encontrar um ciclone. E mais, os preços de Nova Caledônia rivalizam com os do Taiti! É uma vergonha. Noumea tem muito a oferecer, inclusive um prenúncio de revolução, mas deixa para lá...

A ilha Norfolk não tem porto apropriado, e eu esperava ter problemas ao desembarcar lá, mas haviam me dito que a ilha é muito bonita e que não tinha aquela quantidade de coral, o que já era razão suficiente para ir até lá.

Era 24 de março, e o *Acrohc* e eu tínhamos que partir. Eu veria Melissa em Brisbane.

Começou a chover assim que me pus em marcha, e o vento começou a soprar muito forte, vindo de leste. Tínhamos que sair da baía, preferivelmente sem perturbar muitas moradas de pólipos, mas, com auxílio do sonar e do Santo Protetor dos Marinheiros Idiotas, encontrei o canal e passei pela falha entre os recifes até alto-mar sem contratempo. Faltavam 1.100 milhas até a ilha Norfolk, no máximo quatro semanas com base em outros desempenhos.

Pensei que eu fosse enjoar depois de passar um mês em terra, mas, apesar do tempo virado, eu me mantive bem. Matei sete baratas, que certamente preferiram trocar seus alojamentos nos barcos pesqueiros tonguenses por outros mais confortáveis no *Acrohc*, e depois matei mais três. Foi a única vez que tive baratas a bordo, e fiz o que pude para me livrar delas. Não havia lugar para clandestinos na viagem!

Nos dois primeiros dias, tivemos fortes ventos favoráveis e chuva. A partir de então, o vento virou, passando a soprar do Sul, e o sol brilhou. Com isso, a cabine ficou muito quente, porque eu não podia abrir a gaiuta. Esperava, então, que as condições melhorassem à medida que nos dirigíssemos em direção sul.

O sexto dia marcou nossa passagem para a outra metade do mundo — quer dizer, longitude 180° —, e começamos a navegar no lado leste do mundo. A carta de navegação agora partia de 180° para baixo, e, como Brisbane está a 153°, comecei a contagem regressiva.

Cruzamos noventa milhas, tanto no quinto como no sexto dia, mas ainda estava preso dentro do barco; não podia abrir a gaiuta e sentar-me do lado de fora para passar o tempo. Tive que pôr cortinas nas vigias para impedir que o sol aquecesse demais a cabine. É claro que isso obstruía a visão, mas, felizmente, não sou claustrofóbico.

Cozinhar era difícil, devido não apenas à movimentação selvagem do *Acrohc*, mas também a uma onda ocasional quebrando sobre ele. Mas eu estava suportando tudo, porque, sendo boa nossa velocidade, eu me sentia bem e cada dia estávamos um ou dois graus mais próximos de casa (um grau é igual a sessenta milhas náuticas, ou seja, 108,5 quilômetros).

No sétimo e no oitavo dia, fizemos ainda melhor, cobrindo quase cem milhas diárias. No nono, ficou mais calmo, e o vento virou, passando a soprar do lado de estibordo. Enfim eu pude abrir a gaiuta. Nossa velocidade ainda estava razoavelmente boa, porque, com menos vento, eu podia desfraldar a vela-mestra por completo, e as ondas não estavam afetando nosso curso. Preferia essas condições, ainda que à custa de dez ou vinte milhas por dia— pelo menos eu podia cozinhar direito!

Os dias 10 e 11 foram meio desanimadores, porque, com toda sorte de ventos, conseguimos cobrir apenas cinquenta milhas diárias. Em dias lentos como aqueles, eu começava a pensar nos meus três anos de navegação e nos erros que cometi. Por exemplo, em ventos fortes, teria sido mais confortável um mastro mais curto;

meu erro foi acreditar que encontraria, principalmente, ventos fracos. Outro erro foi não ter instalado um tanque de combustível embutido na proa e manter o combustível no convés.

Grande parte dos iatistas invejava minha mesa de mapas, porque ela era grande, mas a achei grande demais. Se ela fosse trinta centímetros mais curta, teria sido mais fácil deslocá-la e abri-la. O abrigo também poderia ter sido menor, pois, em caso de tempo ruim, seria mais fácil me segurar. Mas, no duro mesmo, não estou me queixando de seu tamanho. Em muitas ocasiões, duas pessoas tiveram que dormir lá!

A ventilação também poderia ser melhor. No lugar de apenas um respirador "dorado", eu deveria ter instalado quatro — e tenho certeza de que eu teria encontrado espaço. O fogareiro era muito perigoso. Provavelmente gás fosse mais seguro de operar em tempo virado. O incêndio no trajeto a Madagascar foi inteiramente culpa minha, mas a quase repetição do incidente, a caminho das Galápagos, foi provocada por um queimador defeituoso. É possível que não haja nenhuma maneira segura de cozinhar.

Acho que não poderia ter melhorado muito a geometria do casco, do leme e da quilha, mas talvez eu pudesse ter menos arrasto com um mastro menor. Entretanto, o sistema de manuseio das velas estava ótimo, bem como o do leme autocomandado.

Outro erro foi não adquirir um *satnav* desde o início. Ter encalhado na Cidade do Cabo foi pura estupidez. Não resta dúvida de que o "Sudeste Negro" também influiu, mas, quando percebi que não conseguiria chegar até o porto, deveria ter velejado de volta ao mar aberto, onde haveria mais segurança. Lá o mar poderia estar muito revolto, mas não haveria rochedos nem praias onde encalhar.

Quanto aos problemas que tive com minha pele no caminho às ilhas Cocos, bem, foi apenas má sorte que eu tenha sido obrigado a varar quatro ciclones. Pondo de lado os problemas de pele, eu velejaria através de temporadas de ciclones outra vez, desde que eu tivesse certeza de que o barco era resistente.

Todos os encalhes de menor importância, ocorridos durante a viagem, foram culpa minha, sem dúvida. Não há desculpa para eles, mas pode ser que, sabendo da robustez do *Acrohc* e da sua capacidade de suportar batidas e raspões, eu tenha me tornado menos cuidadoso.

Se eu tivesse uma carta mais detalhada, poderia ter evitado os encalhes em Tonga, pois não procuraria um "atalho" entre os recifes de coral. Quando eu não estava em condições de comprar a carta apropriada, eu deveria ter pedido a meus irmãos para me mandarem uma.

Houve erros sem conta, e estou certo de que farei outros tantos no futuro. É possível até que a viagem toda tenha sido um erro — mais de uma vez, eu desejei nunca tê-la iniciado ou ter construído um barco maior, que teria me levado para uma volta ao mundo com mais conforto. Mas, independentemente de quão forte e bem projetado seja o barco, há riscos que não podem ser evitados quando se está velejando sozinho, como não poder manter uma vigia permanente para não ser abalroado por um navio ou mesmo por uma baleia. Apesar de tudo isso, nunca desisti da ideia de fazer uma nova viagem fora do comum; não, entretanto, no *Acrohc* — ele cumpriu sua missão.

Ganhei muito nesses três anos, não em coisas materiais, mas em coisas como experiências do mar, que só mesmo um "iatista cruzador" pode ter, muitos conhecimentos e amizades... Conheci um monte de gente simplesmente porque eu tinha um barco "diferente".

De que outra maneira eu poderia ter cumprido minha ambição de escrever um livro? A viagem também tornou isso possível. E, quem sabe, se um dia eu tiver netos, poderei contar a eles das diferentes pessoas que eu conheci, das línguas que eles falavam, do modo como eles viviam e dos costumes que eles tinham. Poderei contar histórias de animais estranhos, de grandes florestas e de vulcões. Pode ser que eu nunca venha a ter netos ou que os fedelhos malcriados não tenham interesse em ouvir minhas velhas e chatas histórias... mas, então, pelo menos terei algo para recordar em minha velhice.

Aprendi muito sobre a vida no mar e descobri o quanto eu posso resistir às adversidades. Essa viagem não mudou minha interpretação da vida em si nem me modificou como pessoa. Meus conhecimentos cresceram, mas pode ser que seja apenas porque estou mais velho e tenha visto coisas diferentes. Talvez meus valores tenham mudado... pode ter valido a pena. Esse tipo de reflexão me perseguiu nos dias de lentidão, quando navegava em direção a Norfolk.

O 12º dia coincidiu com o aniversário de mamãe. Navegávamos lento, e o tempo estava brumoso — faltavam 235 milhas. O dia seguinte teve mais vento. As velas sofreram com o vento naquela noite e rasgaram em dois lugares, embora ainda aguentassem.

No 16º dia, a intensidade do vento era inacreditável. Eu estava a apenas sessenta milhas da terra, e parecia que tudo tinha desandado. Imaginei um homem dizendo: "É isso aí! Você já recebeu a sua parte." Tivemos apenas 24 horas de mar calmo antes que começasse a ventar de novo, dessa vez vindo do norte. Reduzi a vela para diminuir a velocidade durante a noite e me encontrar próximo ao sul da ilha Norfolk pela manhã, bem cedo. Esse era para ser meu último porto de escala, com uma parada de duas semanas, antes de chegar em casa, e o lugar parecia muito bonito.

Antes de adentrar a baía de Sydney, contatei as autoridades de terra, que disseram que eu deveria ancorar entre o cais e o cargueiro *Ile de Lumière*. O navio seria descarregado durante todo o dia, o que me daria a oportunidade de pegar carona nos barcos de descarga. Além de ser longe, o mar estava muito agitado para que eu usasse o bote inflável, arranjado no Panamá, e foi uma sorte que esse navio estivesse por lá. Nenhum barco permanece na água por muito tempo, porque o local é muito exposto. Os botes especiais (tipo catamarã) que recebem a carga dos navios são descarregados no cais de concreto por uma ponte rolante móvel. Tão logo o serviço termina, tudo, inclusive a ponte móvel, é removido da doca.

Quando eu ancorei, o pessoal da alfândega veio a bordo, e nós completamos a parte burocrática, preenchendo a papelada. Então, fui levado à terra, onde fiquei sabendo que o *Acrohc* era vedete e todo mundo estava pronto para ajudar. Fui conduzido de carro até o governador da ilha, para que ele nos autorizasse a guardar o *Acrohc* em terra, e depois fomos à alfândega e à imigração. Fizeram-me um rápido exame médico e arranjaram-me acomodação de cortesia, uma vez que não me seria permitido permanecer no *Acrohc* enquanto ele estivesse a seco.

Às quinze horas, tudo estava pronto. Às dezessete horas, eles rebocariam o *Acrohc* para o cais, onde a ponte rolante o levantaria da água e o colocaria sobre um caminhão. Ele seria descarregado no estacionamento de carros do porto. Não havia problemas à vista, a não ser a rebentação junto ao cais, onde o *Acrohc* seria retirado da água. Eu, na verdade, não gostei da ideia de deixar o barco em um estacionamento de automóveis, mas, no fim das contas, a acomodação era grátis e o proprietário, boa pessoa. A ilha também tinha muitas coisas interessantes, e todos fizeram com que me sentisse bem-vindo...

Eu ainda tinha uma pequena preocupação. O porto só podia ser usado quando o vento fosse do norte. Quando o vento soprava do Sul, ele levantava ondas e arrebentações tão grandes que seriam suficientes para um campeonato de surfe, e o *Acrohc* ficaria retido na ilha se chegasse a hora da partida.

Fiz um rápido balanço dos prós e contras e resolvi partir, fazendo uma parada extra no caminho de Brisbane, na ilha Lord Howe. Eu tinha que agir rápido, porque as barcaças paravam de trabalhar às dezessete horas e eram retiradas da água. Eu não queria ficar preso em terra.

Liberei meus papéis na alfândega correndo, de modo que eu pudesse sair no dia seguinte. Conferi se não havia correspondência no correio, liguei para casa e fui até a redação do jornal local, onde eu estava sendo esperado. Depois de uma recepção calorosa e algumas fotos para a próxima edição, tomei um banho de chuveiro rápido. Em seguida, o editor me deu uma carona até o cais. Àquela altura, já eram dezessete horas, e eu tinha que pegar uma das barcaças para voltar ao *Acrohc*.

Eu pretendia retornar à terra na manhã seguinte para fazer umas compras e, se desse tempo, aceitar um convite do comandante para visitar o *Ile de Lumière*. Enquanto aguardava, ancorei um pouco mais longe, fora da arrebentação, e dormi até meia-noite, quando o vento começou a virar, e o balanço ficou forte demais para aguentar. O cabo da âncora estava sendo forçado demais, e, embora eu não quisesse mexer com ela durante a noite, isso tinha que ser feito. Desloquei-me para mais longe, mas tive que ficar de vigia até de manhã, pois o mar ainda estava muito revolto para meu gosto.

Ao amanhecer, a rebentação ainda estava aumentando e começava a quebrar em ondas, quando alguém passava por nós. O *Acrohc* estava sendo levantado uns bons cinco metros a cada onda. Liguei o VHF e ouvi que o *Ile de Lumière* ia se deslocar para o norte da ilha, para completar a descarga. Concluí que eu deveria fazer o mesmo, se quisesse uma carona até terra firme. Também cheguei à conclusão de que, se eu não desse o fora, e rápido, ia ter problema, pois as ondas começavam a arrebentar cada vez mais próximo, ameaçando emborcar o *Acrohc*.

Foi aí que aconteceu. O fundo era todo de pedras, e a corrente da âncora enganchou. Ela estava forçando o *Acrohc* a mergulhar a popa na água cada vez que uma onda queria levantá-lo. Em várias ocasiões, metade do convés ficou completamente abaixo da superfície. Eu não tinha meios de soltar a âncora mergulhando; a água era muito profunda, e a agitação, muito grande. Tentei dar mais cabo e, ligando o motor, dirigi o barco em todas as direções, para ver se conseguia soltar, mas tive que desistir quando as ondas começaram a quebrar bem em cima de nós. Não havia nada que eu pudesse fazer, a não ser cortar o cabo e me mandar dali o mais rápido possível. Se não fizesse isso, iria juntar-me aos outros dois iates que, menos de um mês antes, arrebentaram o cabo da âncora e acabaram se estraçalhando nos rochedos.

Fiquei só com uma âncora e sem corrente; apenas com cordas. Tentar ancorar de novo, com aquilo, seria suicídio, pois a corda logo se desgastaria contra as rochas e nós seríamos varridos contra a costa rochosa, sem demora. Bem, eu realmente não tinha necessidade de postar meus cartões ou de comprar frutas e vegetais, nem mesmo fazer aquela última chamada telefônica; podia também me virar sem pão fresco e margarina, que eram itens de luxo. O que eu precisava mesmo era estar fora, no mar aberto, com muito espaço para respirar. Eu quis avisar o pessoal de terra sobre o que estava acontecendo, mas meu VHF não tinha antena externa e eu não podia abrir a gaiuta — então, ficava impossível.

Foi assim que, no que pareceu ser um espaço de tempo muito curto, o *Acrohc* retornou ao mar. Tudo estava como no dia anterior: o mesmo vento, a mesma direção, a mesma inclinação. Com uma sensação de descrença, enrolei um cobertor e coloquei sobre o assento para sentar-me mais alto, meti um travesseiro por trás e fiquei olhando as ondas pela vigia, igual aos dias anteriores. Parecia que minha parada anterior tinha sido um sonho. Teria eu andado um dia inteiro em volta da ilha? Devia ser, pois eu tinha comigo quatro postais, não postados, completos, com selo e tudo, e, sim, eu havia tirado umas fotos dos magníficos pinheiros da ilha. Atrás de mim, pela vigia traseira, eu ainda podia enxergá-los.

Os morros, muito bem gramados, me pareceram tão bonitos, e o povo tinha sido tão caloroso e amigo. Eles me explicaram que seu falar era engraçado porque a maior parte deles era descendente dos amotinados do Bounty e de suas esposas taitianas — pode ser por isso que as garotas são tão lindas. Embora os primeiros habitantes tenham vindo para Norfolk da ilha Pitcairn, em 1856, seus descendentes mantiveram a linguagem exclusiva, uma mistura de inglês arcaico e taitiano.

Hoje, a ilha Norfolk é território australiano. Como é isenta de impostos, atrai um número enorme de turistas. Ela é também uma ilha de beleza natural espetacular, e foi uma pena que minha permanência tenha sido tão curta. Não imaginava que houvesse tanta dificuldade em ancorar lá ou mesmo de chegar a terra; não acreditava que fosse mais difícil ainda que Santa Helena. Eu pretendia também remendar as velas na ilha Norfolk, mas essa operação teria que esperar, por ora.

Para que me preocupar? À frente ficava a ilha Lord Howe, que tinha uma lagoa muito boa para ancorar. Ela também era considerada bela e não estava muito distante nem fora da minha rota. Por isso, seguimos à vela, pois tínhamos quinhentas milhas pela frente.

A primeira noite foi de tempo ruim, pois estávamos dentro da ventania. Pela manhã, eu vi que a vela do gurupés estava em trapos, sem condição de ser reparada. Não tive jeito de colhê-la durante todo o percurso, por causa do tempo rigoroso. A vela-mestra também apresentou alguns rasgos, mas estava se aguentando.

No quarto dia, ainda havia ondas embatendo de todas as direções. Eu estava trancado com segurança dentro do *Acrohc* e, por isso, não me preocupava nem mesmo quando as ondas arrebentavam em cima da cabine. Cortar cebolas em um espaço confinado e abafado foi uma péssima experiência, e acabei em lágrimas. Senti-me mais confortado pelo *satnav*, que me indicou estar a apenas 330 milhas da ilha Lord Howe.

Durante essa etapa, pensei muito no fim de minha viagem. Para ajudar a passar o tempo, eu roía uns salgadinhos e tomava uns goles. Voltei à rotina de fazer uma refeição quente à tarde e dormir à noite. Em noites escuras, quando as ondas quebravam sobre a cabine, eu me distraía observando o plâncton fosforescente escorregando pelo plástico das escotilhas e, muitas vezes, caí no sono maravilhado com esses "vaga-lumes do mar".

A vida era bela, independentemente do mau tempo. Faltavam apenas mil milhas para eu chegar em casa. Para dizer a verdade, meu ânimo estava tão alto que eu até ignorava umas desagradáveis irritações de pele em meus fundilhos. Já estavam me incomodando há tempos, desde que eu parti das ilhas Cook; eram dois ou três inchaços mais parecidos com picada de inseto. Eu pretendia tratar disso em Norfolk, só que não achei tempo. Mas, assim que parti de Norfolk, começou a piorar e coçar demais. Tomei algumas pílulas contra erupção cutânea, mas logo apareceu o dobro de pontos inflamados, e ficou incômodo até para sentar. Finalmente, os pontos se transformaram em feridas, e resolvi tomar antibióticos, só que, então, as bolhas e as coceiras já tinham se espalhado pelas pernas, costas e até pelos braços. Comecei a me preocupar, uma vez que o médico mais próximo estava a uma semana de distância e não havia nada mais que eu pudesse fazer; era preciso navegar.

No quinto dia, tivemos ondas maiores e mais confusas. Tinham me avisado que essas condições eram normais no mar da Tasmânia.

O tempo ainda estava muito virado no sexto dia para que eu me arriscasse a recuperar a vela rasgada, mas nós tínhamos apenas 185 milhas pela frente e eu estava satisfeito com as 75 milhas diárias, com o que restava das velas. Se não fossem as ondas desencontradas, estaríamos nos saindo melhor. No sétimo dia, só faltavam 84 milhas, pois chegamos a fazer 101 em 24 horas.

A noite foi de ventos, e o mar estava revolto, mas o progresso melhorou meu ânimo ainda mais, ajudando-me a não pensar muito no alastramento da irritação, que, agora, além de coçar, se tornara dolorosa. Tudo indicava que chegaríamos a Lord Howe no dia seguinte, com o céu ainda claro, e fiquei feliz com isso.

Na manhã do oitavo dia, logo cedo, fiz uma leitura da "caixinha mágica" e concluí que estávamos a apenas 32 milhas do destino. Eu ainda tinha certeza de que chegaríamos à luz do dia, mas a possível chegada à noite me preocupava, porque eu não tinha carta da ilha. Sabia de sua posição por referências em livros e um mapa geral das ilhas do Pacífico, mas aquele mapa não dava informações sobre as profundidades e sempre poderia haver rochedos afastados da praia não mencionados.

Dessa vez, eu não tinha culpa de não ter a carta, simplesmente porque eu não pretendia ir a Lord Howe. Certo, podem argumentar que um marinheiro prudente deveria levar a carta de navegação em caso de necessidade, mas, a 12 dólares cada uma, quem pode ser prudente em tudo? E, mesmo com toda a economia, eu usei mais de setenta cartas de navegação durante a viagem.

De qualquer maneira, conforme o previsto, avistei a ilha antes do meio-dia. As ondas iam aumentando à medida que nos aproximávamos, e, consequentemente, nossa velocidade diminuía, mas ainda pretendia chegar lá durante o dia. Continuei acreditando nisso até que começou a escurecer, e, quando cheguei próximo à extremidade sul da ilha, já era noite fechada. O ecobatímetro, pouco confiável, tinha que ser meus olhos até que alcançássemos a entrada da lagoa, do outro lado, e aí sim eu chamaria as autoridades, que me indicariam como encontrar a passagem.

Quando dobramos a extremidade sul da ilha, encontramos aquelas célebres rajadas de vento criadas pelas montanhas. Por sorte, eu estava prevenido e mantive a vela bem reduzida, menos a que tinha sido estraçalhada pelo vento, que desapareceu aos pedaços. Por cerca de meia hora, os ventos enfurecidos sopraram de todas as direções, a intervalos de cinco minutos, até que saímos de sua influência e voltamos a velejar. O motor não quis funcionar — pensei que eu estivesse sem combustível, mas depois verifiquei que o problema era água no carburador.

O vento ainda estava forte, mas já dava para administrar as ondas, agora que estávamos no lado oeste da ilha. À medida que me aproximei da lagoa, liguei o rádio e chamei:

— Lord Howe, Lord Howe; iate *Acrohc*, iate *Acrohc*, responda, por favor.

E logo veio a resposta:

— Chamando iate, aqui Lord Howe.

Depois que as informações de praxe foram trocadas, solicitei a de meu interesse:

— Vocês podem me informar o que é melhor a fazer? Perdi minha âncora e estou sem combustível.

— Não dá para entrar na lagoa à noite. Você deve ancorar do lado de fora até amanhecer. De que material você dispõe para ancorar?

— Só de uma âncora de pescador (poita). Não tenho corrente, mas bastante corda de meia polegada.

— Essa corda nunca vai aguentar — veio a estimulante resposta.

— Quero informar que se trata de um iate de apenas 12 pés — falei.

— Você pode repetir?

— Doze pés; três metros e meio — respondi constrangido.

— Meu santo padroeiro! Espere aí que nós estamos indo para dar um reboque a você!

Fiquei sabendo depois que a voz pertencia a Clive Wilson, o capitão do porto, e foram ele e seu filho que acabaram vindo em uma lancha para nos levar lagoa adentro. Eles corriam um certo risco atravessando a passagem na escuridão para me "salvar", e senti-me culpado por isso. Não era uma emergência; eu poderia ter tentado ancorar onde eu estava ou só ficar velejando em volta até a luz do dia. Não obstante, eu ainda preferia ficar com segurança dentro da lagoa e segui em frente.

Enquanto eles me rebocavam, Clive se antecipou e chamou a alfândega, dizendo que eu estava em má situação e que não poderia esperar até pela manhã para ir para terra, pois eu estava necessitado de um chuveiro e de descanso. Eu estava prestando atenção à conversa e, quando ouvi a palavra "chuveiro", reagi como uma criança de cinco anos que acaba de saber que o Papai Noel está chegando.

Aportamos o *Acrohc* e fomos à terra para falar com Tom, o homem da alfândega. Ele me deu uma carona até o escritório, para as formalidades legais, e contatou um médico para a próxima manhã. A seguir, levou-me até a casa do Clive para uma chuveirada.

Por alguma razão, eu estava com dificuldade de andar; estava andando mais como um bêbado e conseguia, a duras penas, ficar de pé. Porém, assim que tomei uma longa e maravilhosa chuveirada, voltei a me sentir humano. Depois disso, Clive me mostrou onde eu poderia dormir e disse: "Boa noite. Tornarei a vê-lo pela manhã, para o café." Ele também me contou que o tratamento que eu estava recebendo não era dado para todos os iatistas e que, normalmente, eles nunca atravessam a passagem à noite, pois ela é cheia de saliências de coral. Eles haviam acabado de voltar para a cama, depois de salvar um catamarã que deixara a âncora escorregar e acabara encalhado nos recifes. Isso me fez sentir ainda mais culpa, mas ele afastou minhas desculpas dizendo: "Com você, o caso é diferente, não foi sua culpa. Qualquer um pode ter seu momento de azar e perder a âncora. O que me deixa louco é gente que faz as coisas de modo errado e depois vem pedir socorro."

Eu não esperava dormir bem naquela noite, pois não seria fácil ajustar-me a uma mudança tão súbita e, além do mais, minha inflamação coçava muito. Acordei muitas vezes me coçando para aliviar e outras vezes acordei procurando acender a luz da bússola. Depois, aos poucos, eu me situava, porque percebia que a cama não estava balançando e era mais macia. Então eu dizia para mim mesmo: "Não há nada para checar, pode dormir em paz."

Quanto a minha irritação, era uma infecção microbiana, sem maiores consequências, mas que vinha sendo agravada pelo sal da água do mar. Os estafilococos são micróbios encontrados com frequência em hospitais. Muitas pessoas o portam, mas eles não se manifestam, a não ser que encontrem um ferimento para se alojar. O médico concluiu que o fato de eu ficar sentado tanto tempo na umidade criou o ambiente ideal para que eles se desenvolvessem. Entretanto, era curável, e eu estava precisando de uma dose maciça de antibióticos durante umas duas semanas. Ele me informou também que minha dieta alimentar no mar era perfeitamente adequada e não tinha relação nenhuma com a infecção.

Assim, tudo estava bem, mas o que faz um homem do mar quando está em terra firme? Normalmente, sai à procura de garotas e vai beber. Entretanto, quero deixar claro que nem sempre me comportei assim... Bem, quero dizer que nem sempre fico bêbado. Dessa vez, porém, eu tinha que ficar afastado do álcool, por causa dos antibióticos, e das garotas, porque a erupção era contagiosa — e, além de coçar muito, tinha uma aparência horrível!

Para desviar meu pensamento dessas coisas, tratei de me manter ocupado com as tarefas usuais. Uma delas era lavar todas as minhas roupas; algumas estavam muito estragadas, por terem ficado permanentemente úmidas pela condensação na cabine. Outro serviço era encontrar algo apropriado para fazer uma armação para o fundo do bote inflável que eu tinha arranjado no Panamá, para que ele não se dobrasse em torno de mim, cada vez que eu pisasse nele.

Os rapazes da turma local generosamente me presentearam com um piso próprio para o bote e também me deram as dicas de como proceder nas sextas-feiras à noite, na ilha; jantar na casa dos hóspedes, depois um bailinho no clube de boliche, daí uma reunião na praia do Ned e, com o raiar da manhã, para casa, para se refazer.

Eu fui em frente até o bailinho, mas um dos problemas foi ter que recusar os drinks. Pela primeira vez na vida, eu tive que desencorajar os avanços de uma bela mulher! Não fazia sentido levar adiante um caso, estando eu em tão precária condição — a segunda sexta-feira não foi muito melhor, a erupção estava sob controle, mas ainda não estava curada.

Certo dia, o editor do jornal local sugeriu que eu deslocasse o *Acrohc* para o cais, para dar aos habitantes uma oportunidade de apreciá-lo melhor, e fiquei feliz de fazer isso na maré alta seguinte. Muita gente veio vê-lo naquela tarde, e o *Acrohc* ficou muito popular. Um de seus apreciadores era o diretor da escola local, que me convidou para conversar com as crianças, da mesma forma que eu havia feito em Cocos, só que, dessa vez, a criançada ficou reunida em um salão — assim, não gastamos um dia inteiro.

Depois de algumas horas respondendo às perguntas curiosas das crianças, concordei em trazer o *Acrohc* de volta ao pontão na terça-feira seguinte, o dia de minha partida, para que a classe pudesse dar uma olhada.

Nas três semanas em que estive em Lord Howe, conheci a maioria dos seus 250 habitantes. Vi também como eles sobem nos coqueiros para colher os cocos. Existem quatro espécies nativas de coqueiro na ilha, e elas são exportadas para todo o mundo. Para subir, eles passam uma correia circular em torno dos pés e vão dando pequenos saltos, apertando o tronco com os pés, a cada salto. Para descer, eles soltam o aperto dos pés e deslizam rapidamente tronco abaixo. É um modo eficiente de subir em árvores, muito mais rápido do que o usado nas ilhas do Pacífico.

O principal meio de transporte da ilha é a bicicleta, mas tive que andar a pé por causa do meu traseiro machucado. Mesmo assim, conheci muita coisa da ilha, e acho que o esforço valeu.

Terça-feira chegou, e, dessa vez, o *Acrohc* atraiu ainda mais público. Primeiro vieram as crianças, em grupos de quatro, e cada uma teve sua vez de sentar-se dentro da cabine. Já havia me acostumado ao cheiro da cabine, mas, em dias úmidos, eu mesmo achava a atmosfera lá dentro muito carregada. Foi um tributo à polidez das crianças que apenas algumas tenham se referido a isso. A seguir, vieram em peso os adultos, e, como o evento fora anunciado no jornal local, estou certo de que praticamente todos os habitantes da ilha, mais os turistas, se aglomeraram no cais.

Durante toda a viagem, carreguei comigo uma vela bujarrona, que foi recortada como mestra, servindo de sobressalente. A outra vela-mestra estava irreparável, assim, quando me afastei do cais para o trecho final da viagem, desfraldei-a pela primeira vez.

Não gostei da sua forma, mas suas cores brilhantes, vermelho e azul, estavam bonitas.

O *Acrohc* tinha que estar em Brisbane no dia 16. Tínhamos apenas quatrocentas milhas (720 quilômetros) para cobrir em 11 dias. Achei que, se chegássemos mais cedo, teríamos que passar uns dias na baía Moreton, uma vez que eu não pretendia ficar fazendo hora na costa, para cima e para baixo, aguardando o dia certo para aparecer. Esperava ter bons ventos em todo o percurso, mas me preocupava a existência de uma corrente próxima à costa e em direção norte. Por isso, deixei mais uns dias como margem de segurança. Havia muita gente acenando do cais quando eu parti, e fui escoltado por duas lanchas através da passagem.

Dessa vez, eu estava mesmo na última etapa para chegar em casa e, em breve, não estaria mais vivendo no *Acrohc*, como eu vinha fazendo havia quase três anos. Eu não conseguia decidir se estava feliz ou triste com a situação, mas a verdade é que eu estava ansioso para soltar aquele morteiro de fumaça amarela quando chegasse à foz do rio Brisbane.

Depois de velejar por três dias, encontrei um navio. À primeira vista, não parecia que ele vinha em nossa direção, mas ele vinha, sim, e acabou passando a apenas cinquenta metros. Foi quase um raspão, e teria sido frustrante ser abalroado a apenas três dias de casa, depois de três anos no mar. Depois disso, redobrei a vigilância, porque sabia que iria encontrar mais navios quando me aproximasse da costa.

Na noite seguinte, pegamos uma tempestade que durou a noite toda e o dia seguinte. Foi aí, pela segunda vez em todo o cruzeiro, que eu cheguei a acreditar que o *Acrohc* iria emborcar, quando uma onda que achava ser mais esperta do que as outras nos acertou, mas tudo que ela conseguiu foi fazer uma grande desordem na cabine.

Passou-se mais um dia de mau tempo e muita chuva.

Comecei a imaginar quantas vezes, durante esses três anos, eu tinha dito: “Mais um dia e logo tudo estará terminado”, “Faltam poucos dias para chegar". Toda manhã eu murmurava: "Vamos vencer mais este dia, e espero que seja bom." Agora, entretanto, eu não queria saber se o dia ia ser bom ou não, o importante é que faltava pouco para terminar. Para ter alguma distração, decidi fazer um levantamento no diário de bordo para saber o número de dias que eu estive no mar, e o total foi quinhentos. Passei quase cinquenta por cento desse tempo em alto-mar! E fiquei falando sozinho o dia inteiro: "Quinhentos dias... eu passei quinhentos dias da minha vida dentro deste barco." E nisso mais um dia se passou.

No quinto dia, faltavam apenas noventa milhas. Eu já podia pegar transmissões das rádios de Brisbane, o que me fez me sentir realmente perto de casa. A previsão do tempo dizia: "Mar agitado com ondas de até três metros. Ventos de Sudeste fortes, ainda ativos." Obrigado, mas, para saber disso, eu só precisava olhar para fora. O locutor continuou com notícias de grandes enchentes na Costa do Ouro, provenientes da chuva, e mais chuvas torrenciais eram esperadas. Meus planos, porém, incluíam apenas mais um ou dois dias no mar, e tudo estaria terminado.

Estabeleci um plano de ancorar na baía Moreton e ir para casa, ficando lá até o dia 16, quando eu levaria o *Acrohc* rio acima. Enquanto eu estivesse esperando, poderia consultar um médico a respeito de minha erupção, que já estava mais ou menos curada, à exceção de cinco pontos teimosos em meu traseiro — o tratamento com antibióticos já tinha acabado.

O sexto dia começou com bons ventos, que amainaram para agradáveis vinte nós. À tarde, eu já tinha mudado para a última carta que eu iria usar, uma da baía Moreton, a mesma que usei quando saí da baía. Lá estava eu bem na beira da carta, a trinta milhas da costa, mas estava lá. Esperei aquele momento por muito tempo. Tudo o que eu tinha que fazer, agora, era manter-me contra a corrente norte durante a noite, para entrar na baía na manhã seguinte. Ouvi o homem do tempo anunciar que era "esperado tempo bom" e recostei para minha última noite no mar.

Quando fui conferir minha posição às duas da madrugada, o farol do cabo Moreton já estava à vista — o mesmo farol que me viu partir havia três anos agora me mostrava o caminho de volta. Na manhã seguinte, eu ainda não enxergava terra firme, e o vento era quase inexistente. A corrente, entretanto, estava ficando mais forte, e tivemos que navegar quase em direção norte, para compensar a deriva. Eu não podia deixá-la nos carregar para o Sul. Não podia chegar mais ao sul para fechar o itinerário de minha circum-navegação. Tinha que ser em Brisbane! Nós ainda estávamos a vinte milhas de terra, quando eu liguei o motor, mas logo vi o topo da ilha Moreton, e então, mais além, a terra firme; Brisbane e minha casa, finalmente!

Antes do meio-dia, passei pelo cabo Moreton. Tentei fazer contato com a terra pelo VHF, para comunicar a minha família que eu estava de volta, mas algo estava errado e não consegui fazer o contato — embora eu tivesse sempre guardado o aparelho VHF em uma caixa de plástico, a condensação da água enfim chegou lá. Eu pensava que ninguém soubesse da minha chegada, mas descobri, mais tarde, que fui avistado pelo guarda-farol, que contatou minha família e uma estação de TV. Para entrar na baía, peguei mais um atalho que me levou para muito perto da costa, onde a carta mostrava uma passagem rasa. A água estava agitada pela correnteza, e achei que não valia a pena usar o ecobatímetro, pois eu podia enxergar o fundo facilmente. Talvez até fácil demais. Teria sido melhor se eu tivesse usado o canal mais profundo. O fato é que a sorte me valeu, e conseguimos passar sem tocar o fundo. Será que a minha propensão para encalhar tinha terminado?

Meu combustível estava quase no fim, mas faltava pouco para eu chegar a um bom ancoradouro, no local chamado Tangalooma, na ilha Moreton. Como eu estava adiantado alguns dias, poderia deixar o *Acrohc* ancorado lá e pegar o barco de passageiros até Brisbane, ver a família... e também um médico. Apesar da empolgação em rever meus familiares, não consegui esquecer minha erupção de pele.

Depois de ancorar, servi-me do rádio de outro iate, para me comunicar com as autoridades e com minha família. Eles estavam verdadeiramente ansiosos e queriam me ver de qualquer maneira, mas expliquei que eles teriam que esperar até que eu fosse liberado. As autoridades do porto me disseram que eu não deveria ir a terra antes de falar com a imigração —eles ficaram alarmados quando eu mencionei que queria um médico.

Eu estava cansado demais e, por isso, tentei dormir um pouco. Também me sentia um pouco doente e enjoado, mas atribuí isso à animação que eu estava sentindo. Estava tentando dormir, apesar da sensação de mal-estar, quando ouvi um ruído forte de motor. Era uma lancha enorme, com faróis potentes, abarrotada de gente, com câmeras de todo o tipo. Eles esperavam encontrar um marinheiro radiante e queriam fazer um monte de perguntas. Meu irmão Silvio também estava a bordo, mas eu não devia entrar em contato com ninguém, antes que a imigração me liberasse. Eles me deixaram sozinho depois de uma hora, e ainda mais empolgado do que eu estava antes — Silvio deveria voltar pela manhã.

Procurei voltar a dormir, mas, assim que comecei a relaxar, outra lancha barulhenta chegou. Dessa vez, era a imigração. Eles vieram correndo à ilha, porque alguém havia dito que eu tinha uma "doença", mas expliquei que o que eu tinha não era nada tão sério que eles precisassem me deixar de quarentena. Completamos a papelada legal, e logo fiquei à vontade. Ainda me sentia indisposto, mas, de tão cansado, logo dormi.

Bem cedo, na manhã seguinte, chegou um helicóptero de um dos canais de TV e, em seguida, outro. Depois do café, chegaram mais dois helicópteros. Simplesmente não se conseguia ficar livre da mídia, como a Câmara Municipal esperava. De qualquer maneira, não fez diferença para mim, depois que eles conseguiram sua história. Só então apareceu o homem com quem eu realmente queria falar, o médico do hotel da ilha. Ele me examinou e me receitou alguns dos antibióticos de que eu tanto precisava.

Quando Silvio voltou à ilha, eu o informei que havia resolvido não ir para casa antes de sábado; eu estivera ausente quase três anos e, certamente, poderia esperar mais dois dias para "chegar em casa" no *Acrohc*, e não em um barco de passageiros.

O hotel nos ofereceu, de cortesia, um belo apartamento. Também arranjaram uma recepção "faz de conta" para que a mídia me encontrasse. Ela aconteceu na praia, e não faltaram garotas com flores em profusão, bandejas com frutos do mar e garrafas de champanhe.

Na sexta-feira, o *Acrohc* e eu saímos da ilha Moreton e atravessamos a baía a motor. Em poucas horas, chegamos ao nosso ponto de partida/chegada, fechando o circuito de circum-navegação. Aí não houve comemoração. No ponto onde tudo havia começado, nós estávamos tão sós como estivemos o tempo todo no mar. Eu peguei o gerador de fumaça amarela, puxei o disparador e... nada. Olhei para ele meio descrente — ele tinha que funcionar! Eu estava esperando por aquele momento há anos!

Eu segurava a lata e já tinha começado a xingar quando, de repente, ela disparou. Aquela fumaça amarela, consistente, produziu-se e foi carregada pelo vento, exatamente como três anos antes. Agora, sim, eu estava satisfeito!

Outra coisa que me preocupava era parar onde estava e deixar o *Acrohc* onde eu achava que ele devia ficar. Pensei até em fazer um furo no fundo, deixando-o descansar tranquilamente ali, em seu elemento. Acabei não fazendo isso, e continuamos nosso caminho rio acima pacificamente, a motor, até a ilhota onde o Silvio nos encontraria e onde passaríamos a noite.

Era uma manhã chuvosa de sábado quando o *Acrohc* iniciou sua última velejada. Nós éramos esperados para a recepção às catorze horas. Tive até que simular um defeito no motor para fazer hora, pois pretendia chegar pontualmente.

Havia um monte de gente nos esperando para as boas-vindas, e uma banda tocava furiosamente, mas, com todo o barulho e confusão reinantes, eu nem conseguia ouvi-la. Cadetes da Marinha estavam lá, em forma, para saudar nossa chegada, além de toda a minha família. Melissa era outra que também estava lá. Fui saudado oficialmente pelo prefeito, e deram-me a palavra. Houve, em seguida, uma entrevista coletiva à imprensa. Depois das formalidades, resolvi ignorar os antibióticos e, com minha família, bebi à saúde e ao *Acrohc*.

Quando terminou, duas horas depois, o *Acrohc* me parecia triste. Havia uma quantidade enorme de pessoas querendo vê-lo, só que ninguém, na verdade, podia compreender tudo que ele tinha significado para mim.

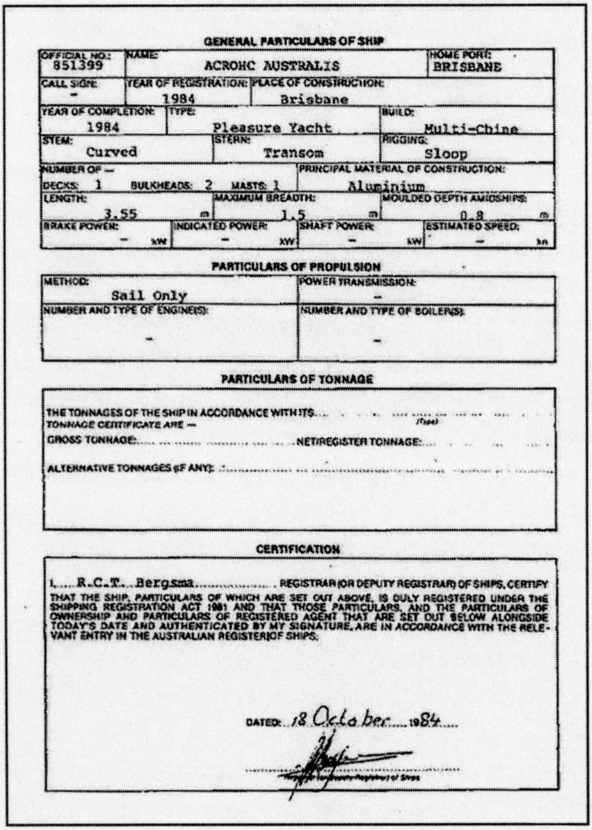

GENERAL PARTICULARS OF SHIP

OFFICIAL NO.: 851399	NAME: ACROHC AUSTRALIS		HOME PORT: BRISBANE
CALL SIGN: -	YEAR OF REGISTRATION: 1984	PLACE OF CONSTRUCTION: Brisbane	
YEAR OF COMPLETION: 1984	TYPE: Pleasure Yacht		BUILD: Multi-Chine
STEM: Curved	STERN: Transom		RIGGING: Sloop
NUMBER OF — DECKS: 1 BULKHEADS: 2 MASTS: 1		PRINCIPAL MATERIAL OF CONSTRUCTION: Aluminium	
LENGTH: 3.55 m	MAXIMUM BREADTH: 1.5 m		MOULDED DEPTH AMIDSHIPS: 0.8 m
BRAKE POWER: - kW	INDICATED POWER: - kW	SHAFT POWER: - kW	ESTIMATED SPEED: - kn

PARTICULARS OF PROPULSION

METHOD: Sail Only	POWER TRANSMISSION: -
NUMBER AND TYPE OF ENGINE(S): -	NUMBER AND TYPE OF BOILER(S): -

PARTICULARS OF TONNAGE

THE TONNAGES OF THE SHIP IN ACCORDANCE WITH ITS ...... (Type)
TONNAGE CERTIFICATE ARE —
GROSS TONNAGE: ...... NET/REGISTER TONNAGE: ......
ALTERNATIVE TONNAGES (IF ANY): ......

CERTIFICATION

I, R.C.T. Bergsma ...... REGISTRAR (OR DEPUTY REGISTRAR) OF SHIPS, CERTIFY THAT THE SHIP, PARTICULARS OF WHICH ARE SET OUT ABOVE, IS DULY REGISTERED UNDER THE SHIPPING REGISTRATION ACT 1981 AND THAT THOSE PARTICULARS, AND THE PARTICULARS OF OWNERSHIP AND PARTICULARS OF REGISTERED AGENT THAT ARE SET OUT BELOW ALONGSIDE TODAY'S DATE AND AUTHENTICATED BY MY SIGNATURE, ARE IN ACCORDANCE WITH THE RELEVANT ENTRY IN THE AUSTRALIAN REGISTER OF SHIPS.

DATED: 18 October 1984

Registrar (or Deputy) Registrar of Ships

D. H. Clarke
"Gabies"
Woolverstone
Ipswich
Suffolk IP9 IBA
England

ANÁLISE DO RECORDE QUEBRADO PELA VIAGEM DO *ACROHC AUSTRALIS*

por D. H. Clarke
(Consultor náutico do *Livro Guinness de Recordes*)

O primeiro barco a navegar sozinho ao redor do mundo foi o Spray, *de Joshua Slocum, em 1895-1898. Ele media 11,2 metros (36 pés e 9 polegadas) de comprimento total (L.O.A.* — lenght overall*). Desde então, mais de 140 homens e mulheres navegaram sós, ao redor do mundo, em barcos cujos tamanhos variam, a partir do maior, um trimarã de 21,28 metros (69 pés e 10 polegadas), até o menor, um barco aberto de 5,72 metros (18 pés e 9 polegadas), o iole* Chidiock Tichbome *do americano Webb Chiles, em 1978-1984. Ainda menor, embora cerca de metade da viagem tenha sido feita na companhia de uma garota, foi a chalupa* Super Shrimp *de 5,59 metros (18 pés e 4 polegadas), em que o inglês Shane Acton circum-navegou, em 1972-1980.*

Tal era a diversidade de tamanhos dos barcos que procuravam quebrar recordes oceânicos que, na década de 1970, foi necessário estabelecer uma divisão em categorias, cada uma delas com um nome bem fácil:

Pequenos
Tiny: *menos de 4 metros de comprimento total (13'11/2")*
Midget: *de 4,01 metros a 6,5 metros de comprimento total (21'4")*

Médio: de 6,51 metros a 15,5 metros de comprimento total (50'10")

Grandes

Major: *de 15,51 metros a 24,5 metros de comprimento total (80'5")*
Gigante: acima de 24,5 metros de comprimento total

As iniciais T.I.N.Y. (This is not Yachting) *foi uma tentativa de minha parte de humor cínico, pois, francamente, eu não estava propenso a encorajar o esporte a esse perigoso extremo. Não adiantou nada. Quando existe a possibilidade de quebrar um recorde no Torneio da Água Azul (Blue Water Game — B. W. G.) e a falta de fundos impede o emprego de um barco maior, até o tamanho* tiny *começa a parecer atraente. Por isso, temo que essa categoria seja, hoje, muito competitiva.*

A mais antiga tentativa de travessia transoceânica em um barco minúsculo foi feita pelo americano William Andrews, em 1888, no barco de vela triangular Dark Secret, *de 3,9 metros (12'9"). Ele largou de Boston em direção à Inglaterra, mas desistiu depois de 62 dias. Ele tentou novamente numa baleeira de 3,96 metros (13'0), o* Phantom Ship, *em 1898, e desistiu novamente após 34 dias. A primeira travessia bem-sucedida Leste-Oeste do Atlântico, em barco minúsculo, foi feita por John Riding, da Grã-Bretanha, na sua chalupa de Bermuda* Sjø Ag, *de 3,66 metros (12'0), em 1964-1965: Plymouth-Açores-Bermuda-Newport (Açores-Bermuda em 67 dias). A primeira travessia Oeste-Leste foi feita pelo irlandês Bill Verity, em 1966, na chalupa de Bermuda* Nonoalca *(3,66 metros — 12'0), indo de Fort Lauderdale, Flórida, até Tralee, Irlanda, em 66 dias.*

Desde essas datas, muitas tentativas têm sido feitas, com medidas de comprimento total cada vez menores; algumas bem-sucedidas, a maioria abortada por uma ou outra razão. Os recordes atuais para o Atlântico, "menores" são:

- *Leste-Oeste: 1,79 metros (5' 101/2"), tipo "barril", de fibra de vidro,* Toniky-Noo; *Eric Peters (Grã-Bretanha), Las Palmas a Guadalupe em 46 dias, 1982-1983.*

- *Oeste-Leste: 2, 717 metros (8'11"),* God's Tear; *Wayne Dickinsn (EUA), de Poit Allerton, Massachussets, a Aranmore, Nordeste da Irlanda, em 142 dias, 1982-1983.*

O Pacífico não tem tentado a tantos, mas, mesmo assim, tem havido maior perda de vidas lá do que no Atlântico. A primeira tentativa e o primeiro sucesso, em barco da categoria tiny, *foi outra vez feita por John Riding. Tendo cruzado o Pacífico em 1973, de San Diego à Nova Zelândia, ele partiu para a Austrália através do mar da Tasmânia; não se ouviu mais falar dele. Foi, pois, o* Sjø Ag *o primeiro* tiny *a velejar a metade da volta ao mundo, em 1964-1973.*

O presente recorde do "menor" para o Pacífico (ainda não foi tentada a viagem em direção leste) foi obtido por Gerry Spiess (EUA), em sua chalupa Yankee Girl, *de 3,1 metros (10'0): de Long Beach, na Califórnia, a Sydney, na Austrália, em 105 dias de vela, na média de setenta milhas por dia, com a melhor distância percorrida em 24 horas, de 130 milhas. Essa é a melhor marca conseguida pela categoria* tiny *transoceânico, até agora.*

Depois de John Riding, o americano Bill Dunlop também tentou uma circum-navegação — em sua chalupa Wind's Will, *muito menor (2,762 metros — 9' 3/4"), com o qual já havia cruzado o Atlântico — de Portland, Maine, a Falmouth, Grã-Bretanha, em 76 dias, em 1982. Ele saiu de Portland em julho de 1983 e, em dezembro, já havia atravessado o canal do Panamá. Ele cruzou a maior parte do Pacífico sem nenhuma dificuldade e partiu das ilhas Cook para Brisbane. Sua última mensagem, em um pote de margarina, foi surgir na praia em Queensland. Nela, ele informava que estava náufrago em uma ilha, sem alimentos; estava datada de 16 de outubro de 1984. Nada mais se ouviu falar dele, desde então. Entretanto, se, como parece, ele teve seu barco estraçalhado em um atol dos recifes da Grande Barreira, o* Wind's Will *terá cruzado o Pacífico e é o menor a ter feito isso. É possível que esse recorde do "menor" ainda venha a ser comprovado.*

Desde 1965, muitas tentativas têm sido feitas para bater os recordes do "menor", que, em 1983, eu decidi que deveria ser feita uma regulamentação sobre medidas de "comprimento total", para prevenir os perigos de aumentos internos e de área de convés, por meio de extensões em balanço. (Cheguei a receber um pedido para regulamentar o transporte de mantimentos em uma balsa a reboque!) Por isso, a partir de 1983, fiz circular o seguinte, sempre que possível, aos candidatos a "menor".

O comprimento total de um barco de classe tiny, *em que vá ser tentado um recorde transoceânico de "menor", deve ser calculado como segue: a distância entre suas perpendiculares que toquem as extremidades frontal e posterior do barco, que façam parte do casco principal. As únicas extensões permissíveis são um gurupés, móvel ou provido de dobradiças, e um leme removível suspenso em um suporte. Todos os itens que se projetem fora de borda, como para-choques (a menos que seja guardado a bordo), suportes, protetores contra atritos ou raspões, suporte para âncora, enfim, qualquer extensão do casco será incluída na medida do comprimento total. Na possibilidade de a largura do barco exceder o comprimento total, os valores mais altos excluirão o barco da categoria de "menor", mas poderão ser incluídos nas especificações de um multicasco. O comprimento de qualquer contêiner flutuante rebocado será acrescido ao do barco-chefe. Uma declaração do comprimento total, de acordo com o regulamento acima, medido por pessoa competente (de preferência um construtor naval), juramentado perante um notário, depositado em Guinness Superlatives Ltd. (ou comigo), antes da partida, assegurará o reconhecimento, se a viagem for bem-sucedida. Reduções inferiores a três centímetros do recorde anterior não serão consideradas.*

Infelizmente, Serge não estava a par desse regulamento quando iniciou sua circum-navegação. Com o passar dos anos — e eu tenho adjudicado esses assuntos para o Guinness Superlatives Ltd. desde 1970 —, a gente aprende a ser flexível a respeito de recordes no B.

W. G. Um dia, sem dúvida, deverá existir uma organização central que pontificará em profundidade, mas, por ora, eu tenho que fazer o melhor que puder — principalmente porque sou a única pessoa no mundo que se deu ao trabalho de estudar esses problemas transoceânicos.

O Acrohc Australis *mede 3,607 metros (11'10") entre perpendiculares. O gurupés de 63 centímetros bipartido poderia facilmente ser montado sobre dobradiças e, por isso, não foi contado. O leme poderia ser facilmente removível e, assim, também não foi considerado. O motor de popa, infelizmente, deve ser acrescentado ao comprimento total e, assim, o comprimento oficial do barco, para fins de reconhecimento do recorde é de 3,607 metros mais 0,563 metros em balanço, totalizando 4,17 metros (13' 73/ 4"). Entretanto, muita gente pensará somente no comprimento óbvio — pouco acima de 3,5 metros —, e a teoria que vá para o inferno!*

Isso é válido por ora, até que o próximo "menor" saia navegando por aí. Até lá, espero que a regulamentação que eu estabeleci seja amplamente conhecida, porque, a despeito das atrações financeiras de "navegar o menor" no livro de recordes, espero que algum senso de proporção fique retido nesse aspecto tão perigoso do B. W. G.

Tudo que eu possa dizer a respeito de medidas não diminui em nada a magnífica realização de Serge Testa.[7]

D. H. Clarke

7. Entrou para o *Guinness Book of Records*.

TELEX

Parabéns, Serge, por sua épica viagem solo ao redor do mundo, no barco que você mesmo projetou. Estou ciente de que você estabeleceu um recorde mundial para o menor barco já usado nesse empreendimento.

*Sem dúvida, você teve que mostrar coragem, habilidade e resistência extraordinárias. É justo que seu feito seja reconhecido publicamente nesta recepção cívica, sendo promovida pelo prefeito (*Lord Mayor*) em sua honra. Estamos todos orgulhosos de você e alegres por ter voltado para casa em segurança.*

R. J. L. Hawke
Primeiro-ministro da Austrália

FOTOS

Nas ilhas Marquesas.

ETAPA 1

BRISBANE - DARWIN

O tamanho do Acrohc
em proporção ao
tamanho de Serge.

Carenagem na Austrália.

As catracas internas do barco.

Golfinhos brincam ao longo da Grande Barreira de Recifes.

Acrohc ainda em Darwin.

ETAPA 2
DARWIN - CAPETOWN

A chegada à
Durban.

O *Glory*, do Sir Henry Pigott.

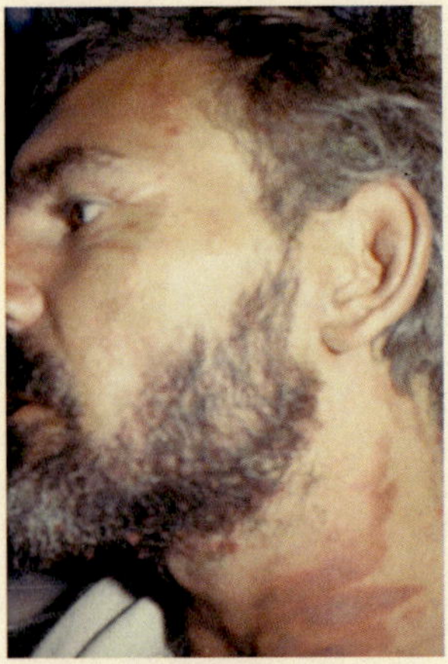

As queimaduras após o incêndio a bordo.

O *Acrohc* com o barco auxiliar.

Serge dançando com os Zulus.

Vista para as ilhas Cocos.

Os pescadores retornam
com um tubarão.

O encontro com um dos grandes
cetáceos vistos durante a viagem.

Joshua Taylor, de 76 anos,
em seu iate, o *Comitan*.

Os danos do incêndio.

Raspagem no casco do *Acrohc*.

Tonga Bill decorando o gurupés em Mauritius.

O *satnav*.

ETAPA 3
CAPETOWN - TAITI

À chegada à Cidade do Cabo.

Uma das tartarugas gigantes, da Ilha Galápagos.

Caranguejo do Coco.

A secagem dos peixes durante a viagem.

Ilha do Diabo, na Guiana Francesa.

Nas Iles du Salut, as árvores crescem dentro das celas abandonadas.

Acrohc em Port Azul na Venezuela.

Uma embarcação gigantesca passa muito perto do *Acrohc*.

O *Svanhild* e sua tripulação de 21 pessoas.

A Jangada indígena contrasta com o iate de luxo ao fundo.

Atravessando
o canal do
Panamá.

Acrohc e
Nanou, saindo
da Cidade do
Cabo.

ETAPA 4

TAITI - BRISBANE

Dançarinas se
apresentam, no Taiti.

Visitas ao *Acrohc* na ilha Lord Howe.

A ilha Lorde Howe.

O Trilithon (reino de Tonga) servia outrora de porta de entrada do palácio real, hoje desaparecido.

O atalho que não deu certo em Tonga.

Alijamento de
carros na ilha Norfolk.

A vela
despedaçada
por uma
onda.

A recepção calorosa em Brisbane.

Meus pais, Clemente e Antonia Testa, no Acrohc no dia do seu lançamento.

Serge a bordo do *Acrohc*, Baie des Vierges, ilhas Marquesas.

Serge no Taiti.